Åndens frugt

Alt Dette Er Loven Ikke Imod

Dr. Jaerock Lee

Alt Dette Er Loven Ikke Imod ved Dr. Jaerock Lee
Udgivet af Urim Books (Repræsentant: Seongnam Vin)
73, Yeouidaebang-ro 22-gil, Dongjak-gu, Seoul, Korea
www.urimbooks.com

Alle rettigheder er reserveret. Denne bog eller dele heraf må ikke reproduceres, lagres eller transmitteres på nogen måde, hverken elektronisk, mekanisk, som kopi eller båndoptagelse uden skriftlig tilladelse fra udgiveren.

Medmindre andet bemærkes er alle citater fra Bibelen, Det Danske Bibleselskab, 1997.

Copyright © 2020 ved Dr. Jaerock Lee
ISBN: 979-11-263-0524-7 03230
Oversættelsescopyright © 2014 ved Dr. Esther K. Chung. Brugt med tilladelse.

Først udgivet i januar 2020

Tidligere udgivet på koreansk i 2009 af Urim Books i Seoul, Korea

Redigeret af Dr. Geumsun Vin
Design: Redaktionbureauet ved Urim Books
Tryk: Prione Printing
For yderligere information: urimbook@hotmail.com

*"Men Åndens frugt er kærlighed, glæde,
fred, tålmodighed, venlighed, godhed,
trofasthed, mildhed og selvbeherskelse.
Alt dette er loven ikke imod!"*

Galaterbrevet 5:22-23

Forord

Kristne får sand frihed
når de bærer Helligåndens frugter,
alt dette er loven ikke imod.

Alle skal følge regler og retningslinjer under forskellige omstændigheder. Hvis de synes, at disse love er lænker, der binder dem, vil de føle sig belastede og fastlåste. Og netop fordi de føler sig belastede, vil de have tendens til ulydighed og uorden, men det er ikke frihed. Når de har givet efter for disse ting, vil de stå tilbage med en følelse af tomhed, og i sidste ende vil de kun have den evige død i vente.

Sand frihed er at blive sat fri fra den evige død og fra alle tårer, sorg og smerte. Det er også at have kontrol over den oprindelige natur, der giver os disse ting, og at få kraft til at underlægge sig dem. Kærlighedens Gud ønsker ikke, at vi skal lide på nogen måde, og derfor optegnede han i Bibelen forskellige måder til at opnå det evige liv og den sande frihed.

De kriminelle og de, som bryder landets love, vil blive nervøse, hvis de ser en betjent. Men de, som adlyder loven, har ikke nogen grund til at blive urolige. I stedet vil de bede politiet om hjælp og føle sig tryggere ved at betjentene er der.

På samme måde vil de, som lever i sandheden, ikke frygte noget, og de vil opleve den sande frihed, idet de forstår, at Guds lov er en genvej til velsignelser. De oplever den samme frihed som hvalerne, der svømmer rundt i havet eller ørnene, der flyver på himlen.

Guds lov kan groft sagt inddeles i fire kategorier. Den fortæller os, hvad vi skal gøre, undlade at gøre, overholde og skille os af med. Som dagene går, bliver verden i stigende grad besudlet af synder og ondskab, og derfor er der stadig flere mennesker, som synes, at det er vanskeligt at følge Guds lov, og derfor undlader at gøre det. Israelitterne som levede i gammeltestamentlig tid, oplevede store lidelser, når de ikke overholdt moseloven.

Så Gud sendte Jesus til jorden for at sætte alle fri fra lovens forbandelse. Den syndfrie Jesus døde på korset, og alle, som tror på han, kan blive frelst gennem troen. Når folk får Helligåndens gave ved at tage imod Jesus Kristus, bliver de Guds børn, og så kan de bære Helligåndens frugter ved Åndens vejledning.

Når Helligånden kommer ind i vores hjerter, hjælper den os med at forstå de dybere ting ved Gud og leve ved hans ord. Der kan for eksempel være et menneske, som vi ikke er i stand til at tilgive. Så vil Helligånden minde os om Herrens tilgivelse og kærlighed, og det vil hjælpe os med at tilgive denne person. Så kan vi hurtigt skille os af med ondskaben i vores hjerte og erstatte den med godhed og kærlighed. På denne måde kan vi bære Helligåndens frugter gennem dens vejledning, og så vil vi ikke alene nyde den sande frihed, men også få en overflod af kærlighed og velsignelser fra Gud.

Gennem Åndens frugter kan vi undersøge os selv for at se, hvor hellige vi er, og hvor tæt vi kan komme på Guds trone, alt efter i hvor høj grad vi har kultiveret vores hjerter til at være ligesom Herrens, vores brudgoms. Jo flere af Helligåndens frugter, vi bærer, jo smukkere og lysere vil et bosted vil vi opnå i himlen. For at komme til Ny Jerusalem i Himlen skal vi bære alle frugterne fuld ud, ikke bare enkelte af dem.

Dette værk *Alt Dette Er Loven Ikke Imod* lader os forstå den åndelige betydning af Helligåndens ni frugter med specifikke eksempler. Helligåndens ni frugter er sammen med den åndelige kærlighed i Første Korintherbrev 13 og Saligprisningerne i Matthæusevangeliet 5 de retningslinjer, som fører os til sand tro. De vil vejlede os, indtil vi når den endelige destination for vores tro: Ny

Jerusalem.

Jeg takker Geumsun Vin, direktør for redaktionsbureauet, og personalet, og jeg beder i Herren navn om at læserne hurtigt vil bære Helligåndens ni frugter gennem denne bog, og dermed opleve den sande frihed og blive borgere i Ny Jerusalem.

Jaerock Lee

Indledning

En vejledning til vores rejse i troen til Ny Jerusalem i Himlen

Alle har travlt i denne moderne verden. Man arbejder og slider for at opnå nydelser og ting. Alligevel er der nogle mennesker, som har deres egne livsmål til trods for verdens tendens, men selv disse mennesker spekulerer fra tid til anden over, om de lever deres liv rigtigt. Så tænker de måske tilbage og ransager deres tilværelse. På troens rejse kan vi opleve en hurtigt vækst og tage en genvej til himmeriget, hvis vi undersøger os selv med Guds ord.

Kapitel 1, "At bære Helligåndens frugt", forklarer hvordan Helligånden genopliver vores ånd, som døde på grund af Adams synd. Det fortæller os, at vi kan bære Helligåndens frugter i overflod, når vi følger dens ønsker.

Kapitel 2, "Kærlighed", fortæller os, hvad Helligåndens første frugt, "kærlighed", er. Det viser os også nogle af de fordærvede former for kærlighed, der er opstået siden Adams fald, og giver os forklaringer på, hvordan vi kan kultivere en kærlighed, som glæder Gud.

Kapitel 3, "Glæde", fortæller, at glæde er den vigtigste standart, hvormed vi kan undersøge, om vores tro er sand, og det forklarer, hvorfor vi har mistet den første kærligheds glæde. Desuden informerer det om tre måder, hvorpå man kan bære glædens frugt, som sætter os i stand til at fryde os og være glade under alle omstændigheder og situationer.

Kapitel 4, "Fred", fortæller, at det er vigtigt at nedbryde syndens mur for at være i fred med Gud, og at vi skal opretholde freden både med os selv og med alle andre. Det lader os også forstå, at det er vigtigt at tale med godhed og at tænke over tingene fra andre menneskers synspunkt, når man skaber fred.

Kapitel 5, "Tålmodighed", forklarer at sand tålmodighed ikke kun er at undertrykke nag, men at være tålmodig med et godt hjerte, som er frit for ondskab, og at vi vil få store velsignelser, når vi har sand fred. Der ses også nærmere på tre former for tålmodighed: tålmodighed til at forandre eget hjerte, tålmodighed med andre mennesker og tålmodighed i forhold til Gud.

Kapitel 6, "Venlighed", lærer os med udgangspunkt i Herrens

eksempel hvilken slags mennesker, der er venlige. Når man ser nærmere på venlighedens karakteristika, ser man også, hvordan den adskiller sig fra kærlighed. Endelig ser vi, hvordan vi kan opnå Guds kærlighed og velsignelser.

Kapitel 7, "Godhed", fortæller os om godhedens hjerte med Herren som eksempel. Han skændtes ikke og råbte ikke, han knækkede ikke det sønderbrudte rør og slukkede ikke den osende væge. Godheden fremstilles også som forskellige fra de andre frugter, sådan at vi kan bære godhedens frugt og udsende en duft af Kristus.

Kapitel 8, "Trofasthed", lærer os om de velsignelser vi får, når vi er betroede i hele Guds hus. Med Moses og Josef som eksempler lader det os forstå, hvilke slags personer der har båret trofasthedens frugt.

Kapitel 9, "Mildhed", forklarer betydningen af mildhed i Guds øjne og beskriver de karakteristika, som kendetegner folk, der bærer mildhedens frugt. Som illustration fortælles om fire slags jord, sådan at vi kan forstå, hvad vi skal gøre for at bære mildhedens frugt. Og endelig fortælles vi om de velsignelser, der gives til de milde.

Kapitel 10, "Selvbeherskelse", demonstrerer hvorfor selvbeherskelse nævnes som den sidste af Helligåndens ni frugter, og hvor vigtig selvbeherskelsen er. Selvbeherskelsens frugt er helt uundværlig, hvor den udøver kontrol over de otte andre frugter af Helligånden.

Kapitel 11, "Alt dette er loven ikke imod" er konklusionen på denne bog, og den hjælper os med at forstå, hvor vigtigt det er at følge Helligånden. Det er ønsket, at alle læserne hurtigt vil blive mennesker med en fuldkommen ånd ved Helligåndens hjælp.

Vi kan ikke sige, at vi har stor tro, bare fordi vi har været troende i lang tid eller fordi vi har et godt kendskab til Bibelen. Målet af tro kan bestemmes ved at se på, i hvor høj udstrækning vi har forandret vores hjerter, så de er blevet sande, og i hvor høj grad vi har kultiveret Herrens hjerte.

Jeg håber alle læserne vil blive i stand til at undersøge deres tro og bære Helligåndens ni frugter i overflod ved Åndens vejledning.

Geumsun Vin
Direktør for redaktionsbureauet

INDHOLD
Alt Dette Er Loven Ikke Imod

Forord · vii

Indledning · xi

Kapitel 1
At bære Helligåndens frugt — 1

Kapitel 2
Kærlighed — 13

Kapitel 3
Glæde — 29

Kapitel 4
Fred — 47

Kapitel 5
Tålmodighed — 67

Kapitel 6

Venlighed   85

Kapitel 7

Godhed   101

Kapitel 8

Trofasthed   119

Kapitel 9

Mildhed   137

Kapitel 10

Selvbeherskelse   159

Kapitel 11

Alt dette er loven ikke imod   175

Galaterbrevet 5:16-21

"Hvad jeg mener, er: I skal leve i Ånden og ikke følge kødets lyst. For kødets lyst står Ånden imod, og Ånden står kødet imod. De to ligger i strid med hinanden, så I ikke kan gøre, hvad I vil. Men drives I af Ånden, er I ikke under loven. Kødets gerninger er velkendte: utugt, urenhed, udsvævelse, afgudsdyrkelse, trolddom, fjendskaber, kiv, misundelse, hidsighed, selviskhed, splid, kliker, nid, drukkenskab, svir og mere af samme slags. Jeg siger jer på forhånd, som jeg før har sagt, at de, der giver sig af med den slags, ikke skal arve Guds rige."

Kapitel 1

At bære Helligåndens frugt

Helligånden genopliver den døde ånd
At bære Åndens frugt
Helligåndens ønsker og kødets lyst
Lad os ikke miste modet med hensyn til at gøre det gode

At bære Helligåndens frugt

For bilister er det være en forfriskende oplevelse at køre af sted på en helt tom motorvej. Men hvis det er første gang, de befinder sig i området, skal de alligevel være ekstra forsigtige og årvågne. Hvis de har et GPS navigationssystem i deres bil, vil de få detaljeret information om vejene og korrekt vejledning, sådan at de kan nå frem uden at fare vild.

Vores rejse i troen mod himmeriget er meget lignende. De mennesker, som tror på Gud og lever ved hans ord, vil blive beskyttet af Helligånden og vejledt, sådan at de på forhånd kan undgå mange af livets hindringer og problemer. Helligånden vejleder os til at finde den korteste og letteste vej til vores destination, himmeriget.

Helligånden genopliver den døde ånd

Det første menneske, Adam, var en levende ånd, da Gud skabte ham og blæste livsånden ind i hans næsebor. Livsånden er den kraft, som er indeholdt i det oprindelige lys, og det blev videregivet til Adams efterkommere, mens de levede i Edens have.

Men Adam og Eva begik ulydighedens synd og blev uddrevet til denne jord, og så var det ikke længere det sammen. Gud tog det meste af livsånden fra Adam og Eva, og efterlod kun et spor af den. Dette var livets sæd. Denne sæd kan ikke videregives fra Adam og Eva til deres børn.

Så i graviditetens sjette måned lægger Gud livets sæd ind i babyens ånd, og planter den i den gruppe af celler, som udgør hjertet, dvs. den centrale del af mennesket. Hos de mennesker, som ikke tager imod Jesus Kristus, bliver livets sæd ved med at være inaktiv, lige som såsæd, der er dækket af en hård skal. Man kan sige, at ånden er død, mens livets sæd er inaktivt. Så længe ånden forbliver død, kan man hverken opnå det evige liv eller komme i himmeriget.

Siden Adams fald har det været alle menneskers skæbne at dø. Hvis de skal opnå det evige liv igen, skal de tilgives deres synder, for de er den oprindelige årsag til døden, og deres døde ånder må genoplives. Derfor sendte kærlighedens Gud sin enbårne søn Jesus til denne jord som soning og åbnede døren til frelse. Jesus tog nemlig hele menneskehedens synder på sig og døde på korset for at genoplive vores døde ånder. Han blev vejen, sandheden og livet for alle mennesker, som vil opnå det evige liv.

Så når vi tager imod Jesus Kristus som vores personlige frelser, bliver vi tilgivet vores synder. Vi bliver Guds børn og får Helligåndens gave. Men Helligåndens kraft vækker livets sæd, som er ligget i dvale under en hård skal, og den bliver aktiv. På denne måde genoplives den døde ånd. Johannesevangeliet 3:6 siger i denne forbindelse: *"... det, er er født af Ånden, er ånd."* Et frø, som er spiret, kan kun vokse op, hvis det får vand og sollys. På samme måde skal livets sæd forsynes med åndeligt vand og lys, sådan at det kan vokse. Det vil sige, at vi skal lære Guds ord, som er det åndelige vand, og at vi skal handle efter Guds ord, som er det åndelige lys, for at vores ånd kan vokse.

Helligånden er kommet ind i vores hjerter og lader os kende til synd, retfærdighed og dom. Den hjælper os med at skille os af med synder og lovløshed, og leve i retfærdighed. Den giver os kraft til at tænke, tale og handle i sandheden. Den hjælper os også med at føre et liv i troen med håb om himmeriget, sådan at vores ånd kan vokse godt. Lad mig illustrere dette, så det bliver lettere at forstå.

Lad os forestille os et barn, som vokser op i en lykkelig familie. En dag tager han op i bjergene, og mens han kigger på udsigten råber han: "Jubii!" Men så er der nogen, det svarer ham på præcis samme måde: "Jubii!" Drengen bliver forbavset og spørger: "Hvem er du?" og den anden efteraber og siger det samme. Så bliver drengen vred og siger: "Er du ude på, at vi skal slås?" og de samme ord kommer tilbage til ham. Så føler han sig pludselig overvåget og bliver bange.

Da han kommer hjem fra bjerget fortæller han sin mor om det, der er sket. Han siger: "Mor, der er en rigtig dum dreng i bjergene." Men moren siger med et blidt smil: "Jeg tror, at drengen i bjergene er en god dreng, og at I kan blive venner. Hvorfor tager du ikke tilbage til det samme sted i morgen og siger undskyld?" Og næste dag tager drengen igen op i bjergene og råber med høj røst: "Undskyld det, der skete i går! Skal vi ikke være venner?" og de samme ord kom tilbage som svar.

Moren lod den lille dreng indse, at han selv havde skabt situationen. Og Helligånden hjælper os på troens rejse ligesom en blid mor.

At bære Åndens frugt

Når et frø sås, spirer det, vokser og sætter blomster, og efter det har blomstret kommer der et udbytte, som er frugten. På samme måde sås livets sæd i os af Gud og spirer ved hjælp af Helligånden, og så vokser det op og bærer Helligåndens frugter. Men ikke alle, som har fået Helligånden, bærer dens frugter. For dem kan vi kun bære, når vi følger Helligåndens vejledning.

Helligånden kan sammenlignes med en strømgenerator. Elektriciteten bliver skabt, når generatoren fungerer. Hvis generatoren forbindes med en elektrisk pære, vil pæren udsende lys, når generatoren leverer energien. Og når der er lys, vil mørket forsvinde. På samme måde vil mørket i os forsvinde, når Helligånden virker i os, fordi lyset kommer ind i vores hjerter. Så kan vi bære Helligåndens frugter.

Men der er én ting, der er vigtig i denne sammenhæng. Hvis pæren skal skinne, er det ikke nok at forbinde den til generatoren. Nogen skal også sørge for at generatoren fungerer. Gud har givet os en generator, som er Helligånden, men det er os selv, som skal sørge for at denne generator virker.

Det gør vi ved at være årvågne og bede indtrængende. Vi skal også adlyde Helligåndens råd om at følge sandheden. Når vi følge dens vejledning og tilskyndelser, siger man, at vi følger Helligåndens ønsker. Vi vil være fulde af Helligånden, når vi flittigt følger dens ønsker, og dermed vil vores hjerter blive forandret med sandheden. Vi vil bære Helligåndens frugter, efterhånden som vi opnår dens fylde.

Når vi skiller os af med den syndefulde natur i vores hjerte og kultivere et åndeligt hjerte med Helligåndens hjælp, vil dens frugter begynde at tage form. Men ligesom den hastighed, hvormed druerne i samme klase vokser og modnes er forskellig, er der nogle af Helligåndens frugter, som kan være fuldt modne, mens andre ikke er det. Man kan have båret kærlighedens frugt i overflod i lange tid, mens selvbeherskelsens frugt endnu ikke er moden. Eller trofasthedens frugt kan være fuldt moden, mens mildhedens frugt endnu ikke er det.

Ikke desto mindre vil det med tiden gå sådan, at alle druerne vil modnes, og de vil tilsammen udgøre en klase af store, lilla druer. På samme måde vil vi blive mennesker med en fuldkommen ånd, når vi bærer alle Helligåndens frugter, og det er dét, Gud ønsker af os. Sådanne mennesker vil udsende en aroma af Kristus på alle områder af deres liv. De vil høre Helligåndens stemme klart og manifestere Helligåndens kraft for at forherlige Gud. Da de fuldkommen efterligner Gud, vil de få kvalifikationerne til at komme ind i Ny Jerusalem, hvor Guds trone står.

Helligåndens ønsker og kødets lyst

Når vi forsøger at følge Helligåndens ønsker, er der en anden form for lyst, der forstyrrer os. Det er kødets lyst. Kødets lyst følger det usande, som er i modstrid med Guds ord. Det får os til at gøre ting, som er kødets lyst, øjnenes lyst og pral med jordisk gods. Det får os også til at begå synder og praktisere uretfærdighed og lovløshed.

For nylig kom et mand til mig for at bede mig om at gå i forbøn for ham, sådan at han kunne holde op med at se obskøne film og billeder. Han sagde, at da han først begyndte at se disse ting, var det ikke for at nyde dem, men for at forstå, hvordan de påvirker folk. Men da han først var kommet i gang, blev han konstant mindet om billederne, og han ville se dem igen og igen. Helligånden tilskyndede ham dog til ikke at gøre det, så han blev mere og mere fortvivlet.

I dette tilfælde blev mandens hjerte opildnet af øjnenes lyst, dvs. ting han så og hørte med sine øjne og ører. Hvis vi ikke skiller os af med kødets lyst, men i stedet bliver ved med at acceptere den, vil vi hurtigt tage usandfærdige ting til os to, tre eller fire gange, og dette antal vil stige stødt.

Derfor står der i Galaterbrevet 5:16-18: *"Hvad jeg mener, er: I skal leve i Ånden og ikke følge kødets lyst. For kødets lyst står Ånden imod, og Ånden står kødet imod. De to ligger i strid med hinanden, så I ikke kan gøre, hvad I vil. Men drives I af Ånden, er I ikke under loven."*
Hvis vi følger Helligåndens ønsker, vil vi have fred i hjertet og vi vil glæde os, når Ånden fryder sig. Hvis vi omvendt følger kødets lyst, vil hjertet være fortvivlet, fordi Helligånden klager sig i os. Vi vil miste Åndens fylde, så det vil blive stadig mere vanskeligt at følge Helligåndens lyst.

Paulus talte om dette i Romerbrevet 7:22-24, hvor der står: *"For jeg glæder mig inderst inde over Guds lov. Men jeg ser en anden lov i mine lemmer, og den ligger i strid med loven i mit sind og holder mig som fange i syndens lov, som er i mine lemmer. Jeg elendige menneske! Hvem skal fri mig fra dette dødsens legeme?"* Alt efter om vi følger Helligåndens ønsker eller kødets lyst, kan vi enten blive børn af Gud, som frelses, eller blive børn af mørket og tage vejen mod døden.
I Galaterbrevet 6:8 står der: *"Den, der sår i kødet, skal høste fordærv af sit kød, og den, der sår i Ånden, skal høste evigt liv af Ånden."* Hvis vi følger kødets lyster, vil vi kun begå kødets gerninger, som er synd og lovløshed, og vi vil i sidste ende ikke kunne komme i himmeriget (Galaterbrevet 5:19-21). Men hvis vi

følger Helligåndens ønsker, vil vi bære dens ni frugter (Galaterbrevet 5:22-23).

Lad os ikke miste modet med hensyn til at gøre det gode

Vi bærer Åndens frugt og bliver sande børn af Gud i den udstrækning, vi handler med tro og følger Helligånden. Men i menneskets hjerte er der et sand hjerte og et usandt hjerte. Det sande hjerte fører os til at følge Helligåndens ønsker og leve ved Guds ord. Det usande hjerte får os til at følge kødets lyst og leve i mørke.

For eksempel er det et af de ti bud, som Guds børn må adlyde, at man skal holde Herrens dag hellig. Men en troende, som har en forretning og kun har svag tro, kan måske opleve en indre konflikt og tænke, at han vil miste sin indtægt, når han lukker forretningen om søndagen. Her vil kødets lyst få ham til at tænke: 'Hvad hvis nu jeg kun lukker forretningen hver anden uge? Eller hvad hvis jeg deltager i gudstjenesten søndag morgen, og min kone deltager om eftermiddagen, og så skiftes vi til at være i forretningen?' Men Helligåndens ønsker vil hjælpe dette menneske med at adlyde Guds ord, og derfor give ham denne indsigt: "Hvis jeg holder Herrens dag hellig, vil Gud lade mig få større indtægt, end hvis jeg holder åbent om søndagen."

Helligånden hjælper os i vores skrøbelighed og går i forbøn for os med sine uudsigelige sukke (Romerbrevet 8:26). Når vi praktiserer sandheden med Helligåndens hjælp, vil vi have fred i hjertet, og vores tro vil vokse dag for dag.

Guds ord er nedfældet i Bibelen, og det er den sandhed, der aldrig forandrer sig; det er godheden selv. Den giver evigt liv til Guds børn og er lyset, som leder dem til at opnå den evige lykke og glæde. Guds børn, som bliver vejledt af Helligånden, skal korsfæste kødet sammen med deres lidenskaber og lyster. De skal også følge Helligåndens ønsker i overensstemmelse med Guds ord og ikke miste modet med hensyn til at gøre det gode.

I Matthæusevangeliet 12:35 står der: *"Et godt menneske tager gode ting frem af sit gode forråd, og et ondt menneske tager onde ting frem af dit onde forråd."* Så vi skal skille os af med ondskaben i vores hjerter ved at bede indtrængende og blive ved med at samle til bunke af gode gerninger.

I Galaterbrevet 5:13-15 står der: *"Brødre, I blev kaldet til frihed. Brug ikke friheden som et påskud for kødet, men tjen hinanden i kærlighed. For hele loven er opfyldt i det ene ord: 'Du skal elske din næste som dig selv.' Men hvis I bider og slider i hinanden, så pas på, at I ikke æder hinanden helt!"* Og i Galaterbrevet 6:1-2 står der: *"Brødre, hvis et menneske gribes i en overtrædelse, skal I, som har Ånden, hjælpe ham til rette med mildhed; og se til, at du ikke selv bliver fristet! Bær hinandens byrder, således at I opfylder Kristi lov."*

Når vi følger Guds ord, som der står ovenfor, kan vi bære Helligåndens frugt i overflod og blive åndelige mennesker eller mennesker med en fuldkommen ånd. Så vil vi få hvad som helst, vi beder om i vores bønner, og komme ind i Ny Jerusalem i det evige himmerige.

Første Johannesbrev 4:7-8

"Mine kære, lad os elske hinanden,

for kærligheden er af Gud, og enhver,

som elsker, er født af Gud og kender Gud.

Den, der ikke elsker, kender ikke Gud,

for Gud er kærlighed."

Kapitel 2

Kærlighed

Det højeste niveau af åndelig kærlighed
Kødelig kærlighed forandres over tid
Med åndelig kærlighed giver man sit liv
Sand kærlighed til Gud
For at bære kærlighedens frugt

Kærlighed

Kærligheden er stærkere end man forestiller sig. Med kærlighedens kraft kan vi frelse dem, som ellers forsages af Gud og går mod døden. Kærlighed kan give dem ny styrke og mod. Hvis vi dækker over andre menneskers fejl med kærlighedens kraft, vil der komme forbløffende forandringer og der vil blive givet store velsignelser, for Gud arbejder i godhed, kærlighed, sandhed og retfærdighed.

En sociologisk forskningsgruppe gennemførte et studie med 200 studerende, som levede under fattige forhold i byen Baltimore. Gruppen konkluderede at disse studerende havde meget ringe muligheder og håb om succes. Men da de gennemførte et opfølgende studie af de samme mennesker efter 25 år, fandt de nogle forbløffende resultater. 176 af de 200 var blevet socialt set succesfulde individer såsom advokater, læger, præster eller forretningsfolk. Forskerne spurgte dem naturligvis, hvordan de havde overvundet det vanskelige miljø, de var opvokset i, og de nævnte alle sammen navnet på en bestemt lærer. Denne lærer blev spurgt, hvordan han kunne skabe denne forbløffende forandring og svarede: "Jeg elskede dem bare, og det vidste de."

Så hvad er da kærlighed, den første af Helligåndens ni frugter?

Det højeste niveau af åndelig kærlighed

Generelt kan kærligheden inddeles i kødelig kærlighed og åndelig kærlighed. Den kødelige kærlighed søger egen vinding. Det er en meningsløs kærlighed, som vil forandres med tiden.

Åndelig kærlighed søger derimod andres vinding, og den forandres ikke under nogen omstændigheder. Første Korintherbrev 13 forklarer detaljeret den åndelige kærlighed.

"Kærligheden er tålmodig, kærligheden er mild, den misunder ikke, kærligheden praler ikke, bilder sig ikke noget ind. Den gør intet usømmeligt, søger ikke sit eget, hidser sig ikke op, bærer ikke nag. Den finder ikke sin glæde i uretten, men glæder sig ved sandheden. Den tåler alt, tror alt, håber alt, udholder alt" (vers 4-7).

Men hvad er da forskellen på kærlighedens frugt i Galaterbrevet 5 og den åndelige kærlighed i Første Korintherbrev 13? Kærligheden som frugt af Helligånden inkluderer offerkærlighed, hvormed man kan give sit liv. Det er kærlighed på et højere niveau end kærligheden i Første Korintherbrev 13. Der er tale om det højeste niveau af åndelig kærlighed.

Hvis vi bærer kærlighedens frugt og er i stand til at ofre vores liv for andre, så kan vi elske alt og alle. Gud elskede os fuldkommen og Herren elskede os af hele sit liv. Hvis vi har denne kærlighed i os, kan vi ofre vores liv for Gud, hans rige og hans retfærdighed. Desuden kan vi opnå det højeste niveau af kærlighed, hvormed vi kan give vores liv – ikke alene for vores brødre, men også for vores fjender, som hader os – fordi vi elsker Gud.

I Første Johannesbrev 4:20-21 står der: *"Hvis nogen siger: "Jeg elsker Gud," men hader sin broder, er han en løgner; for den, der ikke elsker sin broder, som han har set, kan ikke elske Gud, som han ikke har set. Og dette bud har vi fra ham: Den, der elsker Gud, skal også elske sin broder."* Så hvis vi elsker Gud, skal vi elske alle. Hvis vi siger, vi elsker Gud, mens vi hader nogen, er det en løgn.

Kødelig kærlighed forandres over tid

Da Gud skabte det første menneske, Adam, elskede han ham med åndelig kærlighed. Han grundlagde en smuk have i øst, i Eden, og lod mennesket leve der uden at mangle noget. Gud gik med mennesket og gav ham ikke alene Edens have, som var et fremragende sted at leve, men også autoritet til at underlægge sig alt på jorden og herske over det.

Gud gav Adam åndelig kærlighed i overflod. Men Adam kunne ikke for alvor mærke Guds kærlighed. Han havde aldrig oplevet had eller kødelig kærlighed, som er foranderlig, så han indså ikke, hvor dyrebar Guds kærlighed er. Efter lang, lang tid blev Adam fristet gennem slangen og var ulydig overfor Guds ord. Han spiste den frugt, som Gud havde forbudt ham at tage (Første Mosebog 2:17; 3:16).

Resultatet var, at synden kom ind i Adams hjerte, og han blev et kødeligt menneske, som ikke længere kunne kommunikere med Gud. Gud kunne heller ikke lade ham leve i Edens have længere, så han blev uddrevet til denne jord. Mens menneskene, som var Adams efterkommere, gennemgik den menneskelige kultivering (Første Mosebog 3:23), fik de kendskab til relativiteten ved at opleve ting, der var i modstrid med den kærlighed, der var i Eden:

Had, misundelse, smerter, sorg, sygdom og skader. Samtidig distancerede de sig i stadig højere grad fra den åndelige kærlighed. Deres hjerter fordærvedes og blev kødelige på grund af synden, og deres kærlighed blev kødelig. Der er gået lang tid siden Adams fald, og i dag er det endnu mere vanskeligt at finde den åndelige kærlighed i denne verden. Folk udtrykker deres kærlighed på forskellige måder, men den er kun kødelig, og forandres over tid. Efterhånden som tiden går og omstændighederne forandres, ændrer de mening og bedrager deres elskede i søgen efter egen vinding. De giver også kun, når andre giver først, eller når det er til gavn for dem selv. Hvis man vil have lige så meget tilbage, som man selv giver, eller hvis man bliver skuffet, når andre ikke gør gengæld i den grad, man selv forventer, så er der tale om kødelig kærlighed.

Når en mand og en kvinde er forelskede, kan de måske sige, at de vil elske hinanden til evig tid, og at de ikke kan leve uden hinanden. Men i mange tilfælde skifter de mening, efter de er blevet gift. Som tiden går, begynder de at opdage ting, de ikke kan lide ved deres ægtefælle. Tidligere var alt gået godt, og de havde forsøgt at behage hinanden på alle områder, men det bliver de ikke ved med. Så de brokker sig eller skaber vanskeligheder for hinanden. De kan måske blive vrede, hvis ægtefællen ikke gør, som de vil. For bare nogle årtier siden var skilsmisse en meget sjælden hændelse, men nu er det almindeligt, og folk bliver ofte gift igen bagefter. Alligevel påstår de hver gang, at de virkelig elsker det andet menneske. Dette er typisk ved kødelig kærlighed.

Kærligheden mellem forældre og børn er ikke meget anderledes. Naturligvis er der nogle forældre, som ville give selv deres liv for børnene, men der er alligevel ikke tale om åndelig kærlighed, hvis de kun elsker deres egne børn på denne måde. Hvis vi har åndelig kærlighed, kan vi give denne form for kærlighed til alle – ikke kun til vores egne børn. Men i takt med at verden i stigende grad bliver ond, er det stadig mere sjældent at finde forældre, som vil ofre livet for deres børn. Mange forældre og børn har et dårligt forhold på grund af økonomiske spørgsmål eller holdningsforskelle.

Så hvad med kærligheden mellem søskende eller venner? Mange søskende bliver fjender, når der er penge på spil. Det samme sker oftere og oftere blandt venner. De elsker hinanden, når tingene går godt og de er enige. Men deres kærlighed forandres, når tingene ændrer sig. I de fleste tilfælde vil folk have lige så meget igen, som de selv har givet. Når de er lidenskabelige, kan de måske give uden at ville have noget igen. Men når lidenskaben køler ned, fortryder de, at de har givet på denne måde. Det betyder, at de alligevel ville have noget igen. Og så er der tale om kødelig kærlighed.

Med åndelig kærlighed giver man sit liv

Det er bevægende, hvis nogen giver sit liv for den, han elsker. Men hvis vi ved, at vi skal give vores liv for nogen, så bliver det vanskeligere for os at elske vedkommende. Menneskets kærlighed er begrænset på denne måde.

Lad os forestille os en konge, som har en dejlig søn. I kongeriget er der en berygtet morder, som er blevet dømt til døden. Den eneste måde, hvorpå den dømte kan bevare livet, er hvis et uskyldigt menneske dør i hans sted. Vil kongen da give sin uskyldige søn til at dø i morderens sted? Det er aldrig sket i under hele menneskes historie. Men Gud Skaberen, som er langt over sammenligning med nogen konge på denne jord, gav sin enbårne søn for os. Så meget elsker han os (Romerbrevet 5:8).

På grund af Adams synd måtte hele menneskeheden gå mod døden for at betale syndens løn. Problemet måtte løses, hvis menneskene skulle frelses og føres til Himlen. Så Gud sendte sin enbårne søn Jesus til at betale prisen for deres synder, sådan at syndens problem, som skilte os fra Gud, kunne blive løst.

I Galaterbrevet 3:13 står der: *"Forbandet er enhver, der hænger på et træ."* Jesus blev hængt på et trækors for at sætte os fri fra lovens forbandelse, som siger at *"Syndens løn er død"* (Romerbrevet 6:23). Der er ikke nogen tilgivelse uden blodsudgydelse (Hebræerbrevet 9:22), og han udgød derfor sit vand og blod. Jesus blev straffet i vores sted, og enhver, som tror på ham, kan blive tilgivet sine synder og opnå det evige liv.

Gud vidste, at synderne ville forfølge, håne og i sidste ende korsfæste Jesus, som er Guds søn. Ikke desto mindre sendte han Jesus til denne jord for at frelse den syndefulde menneskerace, der eller var bestemt til at falde i den evige død.

I Første Johannesbrev 4:9-10 står der: *"Derved er Guds kærlighed blevet åbenbaret iblandt os: at Gud har sendt sin enbårne søn til verden, for at vi skal leve ved ham. Deri består kærligheden: ikke i at vi har elsket Gud, men i at han har elsket os og sendt sin søn som et sonoffer for vore synder."*

Gud bekræftede sin kærlighed til os ved at give sin enbårne søn Jesus til at blive hængt på korset. Jesus viste sin kærlighed ved at ofre sig på korset for at forløse menneskeheden fra deres synder. Guds kærlighed, som blev tydelig ved at han gav sin søn, er den evige uforanderlige kærlighed, hvormed man giver sit liv til sidste blodsdråbe.

Sand kærlighed til Gud

Kan vi også opnå dette niveau af kærlighed? I Første Johannesbrev 4:7-8 står der: *"Mine kære, lad os elske hinanden for kærligheden er af Gud, og enhver, som elsker, er født af Gud og kender Gud. Den, der ikke elsker, kender ikke Gud, for Gud er kærlighed."*

Hvis vi ikke kun kender den kærlighed, Gud har givet os, som viden, men føler den dybt i vores hjerter, vil vi helt naturligt elske Guds i sandhed. I vores kristne liv kan vi måske komme ud for trængsler, som er vanskelige at bære, eller vi kan opleve situationer, hvor vi mister alle vores egendele og de ting, som har værdi for os. Selv i disse situationer vil vores hjerter ikke blive rystet, hvis vi har sand kærlighed i os.

Jeg var engang tæt ved at miste mine tre dyrebare døtre. For mere en 30 år siden brugte folk kulbriketter til opvarmning i Korea. Kulilten fra kullene skabte ofte ulykker. Lige efter kirkens åbning havde jeg min bolig i kirkebygningens kælder. Mine tre døtre fik sammen med en ung mand kulilteforgiftning. De havde inhaleret gassen hele natten, og der var tilsyneladende ikke noget håb om, at de ville komme sig.

Da jeg så mine bevidstløse døtre, følge jeg ikke nogen sorg eller beklagelse. Jeg var taknemmelig ved tanken om, at de ville leve fredfyldt i den smukke Himmel, hvor der ikke var nogen tårer, sorg eller smerte. Men da den unge mand var et almindeligt medlem af kirken, bad jeg Gud om at genoplive ham, så han ikke ville kaste skam over Gud. Jeg lagde hånden på den unge mand og bad for ham. Derefter bad jeg for min yngste datter. Mens jeg var i gang med bønnen, kom den unge mand til bevidsthed. Og mens jeg bad for min mellemste datter, vågnede den mindste op. Snart var også både min mellemste og min ældste datter vågnet. De havde ikke nogen men og har indtil nu været sunde og raske. De virker alle tre som pastorer i kirken.

Hvis vi elsker Gud, vil vores kærlighed aldrig forandres uanset situationen. Vi har allerede modtaget hans kærlighed i form af ofret af hans enbårne søn, og derfor har vi ikke nogen grund til at tage afstand fra ham eller tvivle på ham. Vi kan kun elske ham uforanderligt, stole fuldkommen på hans kærlighed og være trofaste overfor ham med hele vores liv.

Denne indstilling vil ikke forandres, når vi tager vare på andre sjæle. I Første Johannesbrev 3:16 står der: *"Derpå kender vi kærligheden: at han satte sit liv til for os; så skylder ikke også vi at sætte livet til for brødrene?"* Hvis vi kultiverer kærligheden til Gud, vil vi elske vores brødre med sand kærlighed. Det betyder, at vi ikke har noget ønske om at søge vores eget, og dermed vil vi give alt, vi har, uden at ville have noget igen. Vi vil ofre os selv med rene motiver og give alle vores egendele til gavn for andre.

Jeg har indtil nu gennemgået adskillige trængsler, mens jeg har gået ad troens vej. Jeg er blevet bedraget af mennesker, som har fået virkelig meget af mig, eller af folk, som jeg har behandlet som min egen familie. Til tider har folk misforstået mig og hånet mig.

Ikke desto mindre har jeg behandlet dem med godhed. Jeg overlader alt i Guds hænder og beder for at han vil tilgive disse mennesker med kærlighed og medfølelse. Jeg hader ikke engang de mennesker, som skaber store problemer for kirken og forlader den. Jeg vil kun, at de skal angre og komme tilbage. Når folk har gjort onde ting, har det givet mig voldsomme trængsler. Men jeg har behandlet dem med godhed, fordi jeg tror på, at Gud elsker mig, og jeg har elsket dem med Guds kærlighed.

For at bære kærlighedens frugt

Vi kan bære kærlighedens frugt i den udstrækning, vi helliggør vores hjerter ved at skille os af med synder, ondskab og lovløshed. Sand kærlighed kan kun komme fra et hjerte, som er fri for ondskab. Hvis vi har sand kærlighed, kan vi give andre mennesker fred til enhver tid, og vi vil aldrig give dem problemer eller bebyrde dem. Vi vil også forstå andres hjerter og tjene dem. Vi vil være i stand til at give dem glæde, og vi vil hjælpe deres sjæle med at trives, sådan at Guds rige bliver øget.

I Bibelen ser vi, hvilken slags kærlighed trosfædrene havde kultiveret. Moses elskede det israelitiske folk så meget, at han ønskede at tjene dem, selv om det betød, at hans navn ville blive slette fra Livets Bog (Anden Mosebog 32:32).

Apostelen Paulus elskede også Herren med et uforanderligt sind lige fra han mødte ham. Han blev hedningenes apostel, frelste mange sjæle og grundlagde menigheder under sine tre missionsrejser. Selv om hans ture var udmattende og fulde af farer, prædikede ham om Jesus Kristus, indtil han blev gjort til martyr i Rom.

Hans liv var konstant i fare på grund af jøderne forfølgelser. Han blev slået og sat i fængsel. Han drev rundt på det åbne hav i et døgn efter at skibbrud. Ikke desto mindre havde han ikke nogen fortrydelser med hensyn til den vej, han valgte. I stedet for at tænke på sig selv, bekymrede han sig for menighederne og de troende, selv om han gennemgik mange vanskeligheder.

Han udtrykte sine følelser i Anden Korintherbrev 11:28-29, hvor der står: *"Hertil kommer det, som dagligt trykker mig: bekymringen for alle menighederne. Hvem er magtesløs, uden at jeg også er magtesløs? Hvem falder fra, uden at det svier i mig?"*

Apostelen Paulus sparede ikke engang sit eget liv, for han nærede en brændende kærlighed til sjælene. Denne store kærlighed bliver udtrykt i Romerbrevet 9:3. Der står: *"Jeg ville ønske, at jeg selv var forbandet og skilt fra Kristus, hvis det kunne hjælpe mine brødre og landsmænd."* Brødre og landmænd henviser her ikke til familie og slægtninge. Det henviser til alle jøderne, inklusiv dem, som forfulgte ham.

Han ville gerne komme i Helvede i stedet for dem, hvis det kunne frelse dem. Dette udtrykker den kærlighed, han nærede til dem. Som der står i Johannesevangeliet 15:13: *"Større kærlighed har ingen end den at sætte sit liv til for sine venner."* Apostelen Paulus udviste dette højeste niveau af kærlighed ved at blive martyr.

Nogle mennesker siger, at de elsker Herren, uden at elske deres brødre i troen. Deres medmennesker er ikke fjender, og beder ikke nogen om at opgive livet for dem. Men de har konflikter med hinanden og rummer negative følelser overfor hinanden på grund af ligegyldige spørgsmål. Selv mens de udfører Guds gerning, bærer de nag, når de er uenige om noget. Nogle mennesker er ufølsomme overfor at andres ånd visner og dør. Kan vi da sige, at disse mennesker elsker Gud?

Jeg sagde engang til menigheden: "Hvis jeg kan frelse tusind sjæle, vil jeg være parat til at komme i Helvede i deres sted." Jeg ved naturligvis godt, hvad Helvede er for at sted. Jeg ville umiddelbart aldrig gøre noget, som kunne få mig til at komme i Helvede. Men hvis jeg kunne frelse mange sjæle, som var ved at falde i Helvede dyb, ville jeg være villig til at tage deres sted.

Disse tusind sjæle kunne inkludere nogle af kirkens medlemmer. Det kunne være kirkeledere eller medlemmer, som ikke vælger sandhedens vej, men fortsætter mod døden, selv efter de har hørt sandhedens ord og været vidne til Guds kraftfulde gerninger. Det kunne også være dem, som forfølger vores kirke med misforståelser og jalousi. Eller det kunne være nogle stakkels sjæle i Afrika, som lider under borgerkrige, hungersnød og fattigdom.

Ligesom Jesus døde for mig, ville jeg også give mit liv for dem. Det skyldes ikke, at det er min pligt at elske dem, bare fordi Guds ord siger, at vi skal elske. Jeg ville give hele min liv og energi dag efter dag for at frelse dem, for jeg elsker dem mere end mit liv, og det er ikke kun ord. Jeg giver hele mit liv, for jeg ved, at det er det, Gud Fader, som elsker mig, ønsker af mig.

Mit hjerte er fuldt af tanker såsom: "Hvordan kan jeg prædike budskabet endnu flere steder?", "Hvordan kan jeg manifestede store gerninger med Guds kraft, sådan at flere mennesker kan komme til tro?", "Hvordan kan jeg få dem til at forstå denne verdens meningsløshed og føre dem til at stile mod himmeriget?"

Lad os ransage os selv for at undersøge, hvor megen kærlighed Guds har indgraveret i os. Der er tale om den kærlighed, hvormed han gav sin enbårne søns liv. Hvis vi er fulde af hans kærlighed, vil vi elske Gud og sjælene af hjertets grund. Dette er den sande kærlighed. Og hvis vi kultiverer denne kærlighed fuldkommen, vil vi blive i stand til at komme i Ny Jerusalem, som er kærlighedens udkrystalliseringen. Jeg håber, at I alle vil leve dér i evig kærlighed med Gud Fader og Herren.

Alt Dette Er Loven Ikke Imod

Fillipperbrevet 4:4

"Glæd jer altid i Herren!

Jeg siger atter: Glæd jer!"

Kapitel 3

Glæde

Glædens frugt
Grundene til at glæden ved den første kærlighed forsvinder
Når åndelig glæde bæres
Hvis man vil bære glædens frugt
Sorg selv efter at man har båret glædens frugt
Vær positiv og følg godheden under alle omstændigheder

Glæde

Latter lindrer stres, vrede og spændinger, og bidrager dermed til at forebygge hjertetilfælde og pludselig død. Det forbedrer også kroppens immunforsvar, så det har en positiv indvirkning på forebyggelse af infektioner såsom influenza og endda kræft og livsstilssygdomme. Latter har helt sikkert en positiv effekt på vores helbred, og Gud fortæller os, at vi altid skal glæde os. Nogle vil måske sige: "Hvordan kan jeg glæde mig, hvis ikke der er noget at glæde sig over?" Men troende mennesker kan altid glæde sig i Herren, for de tror på, at Gud vil hjælpe dem ud af problemerne, og at de i sidste ende vil blive ført til himmeriget, hvor der er evig glæde.

Glædens frugt

Glæde er en "intens og særligt ekstatisk eller eksalteret lykke." Åndelig glæde er dog ikke kun det at være ekstremt lykkelig. Selv de ikke-troende glæder sig, når der sker noget godt, men det er kun midlertidigt. Deres glæde forsvinder, når der opstår vanskeligheder. Men hvis vi bærer glædens frugt i vores hjerter, vil vi være i stand til at fryde os og være glade i enhver situation.

I Første Thessalonikerbrev 5:16-18 står der: *"Vær altid glade, bed uophørligt, sig tak under alle forhold; for dette er Guds vilje med jer i Kristus Jesus."* Åndelig glæde er at glæde sig altid og at være taknemmelig under alle omstændigheder. Glæde er den mest åbenlyse og tydelige af de kategorier, hvormed vi kan måle og undersøge det kristne liv, vi leder.

Nogle troende går Herrens vej med glæde og lykke hele tiden, mens andre ikke for alvor er glade og taknemmelige af hjertets grund, selv om de anstrenger sig i deres tro. De deltager i Gudstjenester, beder, og opfylder deres kirkelige forpligtelser, men de gør alle disse ting af pligt og uden at lade sig berøre af dem. Hvis de støder ind i problemer, mister de den smule fred, de havde opnået i deres hjerter, og bliver rystende nervøse.

Når der opstår problemer, som man ikke kan løse af egen styrke, har man mulighed for at undersøge, om man virkelig glæder sig af hjertets grund. I disse situationer bør man se sig i spejlet. Det kan blive et mål for, i hvilken udstrækning man har båret glædens frugt. Rent faktisk er det sådan, at alene den nåde, at Jesus Kristus frelser os gennem sit blod, er mere end nok til at vi kan glæde os til enhver tid. Vi var bestemt til at falde ned i Helvedes evige ild, men gennem Jesu Kristi blod er vi blevet i stand til at komme i himmeriget, som er fuldt med lykke og fred. Alene dette faktum vil give os en ubeskrivelig lykke.

Efter flugten fra Egypten krydsede israelitterne det røde Hav, som havde det været tør jord, og de undslap den Egyptiske hær, som forfulgte dem. Hvor stor var ikke deres glæde! Fulde af fryd greb kvinderne deres pauker og dansede, og hele folket priste Gud (Anden Mosebog 15:19-20).

Når et menneske tager imod Herren, oplever han på samme måde en uudtrykkelig glæde over at være blevet frelst, og han kan synge lovsange til enhver tid, også selv om han er træt efter en lang arbejdsdag. Selv om han bliver forfulgt på grund af Herrens navn eller har helt urimelige vanskeligheder, vil han være lykkelig, når han tænker på himmeriget. Hvis denne glæde er konstant og bliver vedligeholdt, vil han snart bære glædens frugt fuldt ud.

Grundene til at glæden ved den første kærlighed forsvinder

Virkeligheden er dog, at ikke mange mennesker bibeholder glæden ved den første kærlighed. Til tider forsvinder glæden efter at de har taget imod Herren, og deres følelser angående frelsens nåde er ikke længere de samme. Før hen var de lykkelige selv under vanskeligheder, idet de tænkte på Herren, men senere begynder de at sukke og beklage sig, når tingene går dårligt. Det samme skete for israelitterne, som hurtigt glemte den glæde, de havde oplevet, da de krydsede det Røde Hav, og de begyndte at beklage sig overfor Gud og Moses, da der opstod vanskeligheder.

Hvorfor forandrer mennesker sig på denne måde? Det skyldes at de har kød i deres hjerter. Kødet har her en åndelig betydning. Det henviser til de naturer eller karakteristika, som er i modstrid med ånden. "Ånd" er det, som tilhører Guds Skaberen, og det er smukt og uforanderligt, mens "kød" er det karakteristiske ved de ting, som lægger afstand til Gud. Der er tale om ting, der vil forgå, fordærve og forsvinde. Derfor er kødet alle former for synder såsom lovløshed, uretfærdighed og usandhed. De, som har kødets egenskaber, vil miste den glæde, som engang fyldte deres hjerter. Da de har en foranderlig natur, vil den fjendtlige djævel og Satan forsøge at skabe ufordelagtige situationer ved at opildne den foranderlige natur.

Apostelen Paulus blev slået og sat i fængsel, mens han prædikede budskabet. Men da han bad og priste Gud uden nogen form for bekymring, kom der et stort jordskælv, som fik fængselsdøren til at åbne sig. Gennem denne hændelse omvendte han mange ikke-troende. Han mistede ikke sin glæde under nogen af vanskelighederne, men rådede de troende på følgende måde: *"Glæd jer altid i Herren! Jeg siger atter: Glæd jer! Lad jeres mildhed blive kendt af alle mennesker. Herren er nær. Vær ikke bekymrede for noget, men bring i alle forhold jeres ønsker frem for Gud i bøn og påkaldelse ved tak"* (Filipperbrevet 4:4-6).

Hvis man er i en vanskelig situation og har det, som om man hænger på kanten af en klippe, hvorfor så ikke bede i taknemmelighed ligesom apostelen Paulus? Gud vil glæde sig over denne troshandling og han vil arbejde for altings bedste.

Når åndelig glæde bæres

David kæmpede på slagmarken fra sit land lige fra han var helt ung. Han gjorde sin pligt på fortjenstfuld måde under mange forskellige krige. Da kong Saul led under onde ånder, spillede han på harpe for at give kongen fred. Han var aldrig ulydig overfor kongens ordrer. Ikke desto mindre var kong Saul ikke taknemmelig over Davids tjeneste, men hadede ham derimod, fordi han var misundelig på ham. David var højt elsket af folket, og Saul var bange for, at det skulle koste ham tronen, så han forfulgte David med sin hær for at dræbe ham.

I denne situation var David indlysende nok nødt til at flygte fra Saul. En gang måtte han ligefrem lade som om, han var skør, for at frelse livet i et fremmed land. Hvordan ville man mon have det, hvis man var i hans sko? David blev aldrig ked af det, men glædede sig kun. Han bekendte sin tro på Gud med denne smukke salme.

"Herren er min hyrde, jeg lider ingen nød,
han lader mig ligge i grønne enge,
han leder mig til det stille vand.
Han giver mig kraft på ny,
han leder mig ad de rette stier
for sit navns skyld.
Selv om jeg går i mørkets dal,
frygter jeg intet ondt,
for du er hos mig,
din stok og sin stav er min trøst.
Du dækker bord for mig
for øjnene af mine fjender.
Du salver mit hoved med olie,
mit bæger er fyldt til overflod.
Godhed og troskab følger mig,
så længe jeg lever,
og jeg skal bo i Herrens hus
alle mine dage."
(Salmernes Bog 23:1-6)

Virkeligheden var som en tornefuld vej, men David havde noget stort i sig. Det var hans brændende kærlighed og uforanderlige tillid til Gud. Intet kunne fjerne den glæde, som strømmede ud fra hans hjertes grund. David var bestemt et menneske, som bar glædens frugt.

Det er nu omkring 41 år siden, jeg tog imod Herren, og jeg har aldrig mistet glæden ved den første kærlighed. Jeg lever stadig hver dag med taknemmelighed. Jeg havde lidt af adskillige sygdomme gennem syv år, men Guds kraft helbredte alle disse lidelser på én gang. Jeg blev straks kristen og begyndte at arbejde på byggegrunde. Jeg fik ganske vist mulighed for at få et bedre job, men valgte det hårde arbejde, fordi jeg dermed kunne holde Herrens dag hellig.

Hver morgen stor jeg op kl. 4 for at deltage i bønnemøder ved morgengry. Så tog jeg på arbejde med min madpakke. Det tog mig omkring 1½ time at komme med bus til min arbejdsplads. Jeg måtte arbejde fra morgen til aften uden at hvile tilstrækkeligt. Det var virkelig hårdt. Jeg havde aldrig før udført et fysisk hårdt arbejde, og havde desuden været syg i mange år, så det var ikke let for mig.

Jeg kom hjem fra arbejde omkring kl. 10 om aftenen. Så vaskede jeg mig hurtigt, spiste aftensmad, læste Bibelen og bad inden jeg gik i seng omkring midnat. Min kone arbejdede også som dørsælger for at tjene penge, men det var vanskeligt for os bare at betale renterne på den gæld, vi havde oparbejdet, mens jeg havde været syg. Det var bogstavelig talt vanskeligt for os at klare dagen og vejen. Til trods for denne vanskelige økonomiske situation, var mit hjerte fuldt af glæde, og jeg prædikede budskabet når som helt, jeg havde mulighed for det.

Jeg sagde: "Gud lever! Se på mig! Jeg havde kun døden i vente, men blev fuldkommen helbredt ved Guds kraft og jeg er blevet sund og rask!"

Det var en vanskeligt og økonomisk udfordrende tid, men jeg var altid taknemmelig over Guds kærlighed, som havde frelst mig fra døden. Mit hjerte var fuldt af håb om Himlen. Efter jeg fik mit kald fra Gud til at blive pastor, gennemlevede jeg mange urimelige vanskeligheder og problemer, som er svære at udholde, men min glæde og taknemmelighed er aldrig blevet kolde.

Hvordan var det muligt? Det skyldes, at hjertets taknemmelighed giver liv til endnu mere taknemmelighed. Jeg er altid på udkig efter ting at være taknemmelig for, og beder i taknemmelighed til Gud. Og ikke alene det, jeg holder også af at give gaver til Gud i taknemmelighed. Ud over de gaver, som jeg giver ved enhver gudstjeneste, giver jeg flittigt taknemmelighedsgaver til Gud for andre ting. Jeg takker for de medlemmer af kirken, som vokser i troen; for at jeg kan forherlige Gud gennem de kæmpe oversøiske kampagner; for at kirken vokser, osv. Jeg nyder at lede efter nye omstændigheder at være taknemmelig for.

Så Gud gav mig velsignelser og nåde uden ophør, sådan at jeg kunne blive med med at være taknemmelig. Hvis jeg kun havde været taknemmelig, når tingene gik godt, og brokket mig i utaknemmelighed, når tingene gik dårligt, ville jeg ikke have været så lykkelig, som jeg er nu.

Hvis man vil bære glædens frugt

For det første skal man skille sig af med kødet.
Hvis vi ikke er hverken misundelige eller jaloux, vil vi fryde os, når andre bliver rost eller velsignet, som om det gjaldt os selv. Omvendt vil det være vanskeligt for os at se andre klare sig godt i den udstrækning, vi er misundelige eller jaloux. Vi kan måske føle et vist ubehag overfor andre, eller vi kan miste vores glæde og mod, fordi vi føler os mindreværdige, når andre bliver ophøjet.

Hvis vi ikke føler nogen vrede eller modstrid, vil vi være i fred, selv om vi bliver behandlet med grovhed eller lider skade. Vi føler modvilje og skuffelse, når vi har kød i os. Kødet er den byrde, som giver os et tungt hjerte. Hvis vi har en natur, hvormed vi søger egen vinding, vil vi føle sorg og smerte, når det ser ud til, at vi lider større tab end andre mennesker.

Da vi har kødelige egenskaber, kan den fjendtlige djævel og Satan opildne denne natur og skabe situationer, hvor vi ikke kan glæde os. I den udstrækning vi er kødelige, hindres vi i at have åndelig tro, og så vil vi have stadig flere bekymringer og betænkeligheder, og være ude af stand til at sætte vores lid til Gud. Men de mennesker, som sætter deres lid til Gud, kan glæde sig, selv om de måske ikke får noget at spise den dag. Det skyldes, at Gud har lovet os, han vil give os det, vi har brug for, når først vi ser hans rige og retfærdighed (Matthæusevangeliet 6:31-33).

De mennesker, som har sand tro, vil overlade alt i Guds hænder i enhver vanskelig situation gennem taknemmelige bønner. De vil søge Guds rige og retfærdighed med fred i hjertet, og så vil de bede om det, de har brug for. Omvendt kan de, som ikke stoler på Gud, men i stedet på deres egne tanker og planer, ikke undgå at blive urolige. De, som har virksomheder, kan kun blive ført til velstand og få velsignelser, hvis de hører Helligåndens stemme klart og følger den. Men så længe de er grådige, utålmodige og har usande tanker, kan de ikke høre Helligåndens stemme, og så vil de komme ud for vanskeligheder. Kort sagt er de kødelige egenskaber i hjertet den grundlæggende årsag til, at vi mister glæden. Vi vil opleve stadig større åndelig glæde og taknemmelighed og alt vil gå os stadig bedre, i takt med at vi skiller os af med det kødelige i hjertet.

For det andet skal vi følge Helligåndens ønsker på alle områder.

Den glæde, vi søger, er ikke verdslig, men i stedet den, der kommer fra oven, nemlig Helligåndens glæde. Vi kan først være glade og lykkelige, når Helligånden, som bor i os, fryder sig. Frem for alt kommer den sande glæde, når vi tilbeder Gud af hjertet, beder til ham, priser ham og holder hans ord.

Hvis vi indser vores mangler gennem Helligåndens inspiration og udbedrer dem, vil vi føle os lykkelige! Vi har større mulighed for at være lykkelige og taknemmelige, når vi finder vores nye "selv", som er anderledes end det, vi havde før. Den glæde, der gives af Gud, kan ikke sammenlignes med noget i denne verden, og ingen kan tage den fra os.

Alt efter hvilke valg vi foretager i vores dagligliv, kan vi følge Helligåndens ønsker eller kødets lyst. Hvis vi til enhver tid følger Helligånden, vil den fryde sig i os og fylde os med glæde. I Tredje Johannesbrev 1:4 står der: *"Jeg har ingen større glæde end at høre, at mine børn lever i sandheden."* Som sagt fryder Gud sig og giver os glæde i Helligåndens fylde, når vi praktiserer sandheden.

For eksempel kan lysten til at søge egen vinding og ønsket om at søge andres bedste være modstridende, og hvis denne konflikt fortsætter, vil vi miste glæden. Hvis vi i sidste ende søger vores egen vinding, virker det som om, vi kan få, hvad vi vil, men vi vil ikke opnå åndelig glæde. I stedet vil vi have samvittighedskvaler og hjertet vil fortvivle. Hvis vi omvendt søger andres vinding, kan det et øjeblik virke som om, vi lider tab, men vi vil få stor glæde fra oven, fordi Helligånden fryder sig. Kun de mennesker, som rent faktisk har følt denne glæde, vil forstå, hvor god den er. Det er en form for lykke, som ingen i denne verden kan give eller forstå.

Her kommer en historie om to brødre. Den ældste rydder ikke op efter sig, når han har spist. Så den yngste må rydde bordet, og det har han det dårligt med. En dag da den ældste har spist og forlader bordet, siger den yngre: "Du skal vaske tallerkenerne op efter dig." "Vask dem selv", svarer den ældste uden tøven, og går ind på sit værelse. Den yngste er ikke glad for situationen, men hans bror er allerede gået.

Den yngste ved, at hans ældre bror ikke har for vane at vaske sine tallerkener. Så han kan hjælpe sin storebror med glæde ved at vaske alle tallerkenerne selv. Man kan måske tro, at den yngre dermed altid vil være nødt til at vaske tallerkenerne, og at den ældre ikke vil tænke nærmere over det. Men hvis vi handler i godhed, vil Gud skabe forandring. Gud vil forandre den ældre broders hjerte, så han vil tænke: "Jeg er ked af, at jeg altid får min bror til at vaske alle tallerkenerne. Fra nu af vil jeg vaske både min egen tallerken og hans."

Hvis vi følger kødets lyst på grund af en midlertidig vinding, vil vi altid opleve ubehag og skænderier, som i ovenstående historie. Men hvis vi tjener andre af hjertet og følger Helligåndens ønsker, vil vi føle glæde.

Det samme princip gælder under alle andre forhold. Tidligere har man måske dømt andre ud fra ens egen standart, men hvis man forandrer sit hjerte og forstår andre med godhed, vil man få fred. Hvad sker der, når du møder nogen, som har en helt anden personlighed end din, eller nogen hvis holdninger adskiller sig meget kraftigt fra dine? Forsøger du at undgå ham, eller hilser du ham med et varmt smil? Fra de ikke-troendes synspunkt er det sikkert lettere at undgå eller ignorere de mennesker, som de ikke bryder sig om, end at forsøge at være venlige overfor dem.

Men de, der følger Helligåndens ønsker, vil smile til de andre med et tjenstvilligt hjerte. Når vi dør hver dag med den intention at hjælpe andre (Første Korintherbrev 15:31), vil vi opleve at sand fred og glæde kommer fra oven. Desuden vil vi være i stand til at være føle fred og glæde til enhver tid, hvis vi kan undgå følelsen af at der er nogen, vi ikke bryder os om, eller at deres personlighed ikke passer til vores.

Lad os forestille os, at du bliver ringet op af en leder i kirken, som beder dig om at komme med ham på besøg hos et kirkemedlem, der gik glip af søndagens gudstjeneste, eller lad os sige, at du bliver bedt om at prædike budskabet for en bestemt person på en af dine sjældne fridage. Med en del af dit sind har du sikkert lyst til at slappe af, og med en anden del ønsker du at udføre Guds arbejde. Det er op til din frie vilje at vælge mellem de to veje, men du vil ikke nødvendigvis blive mere glad af at sove mere eller give efter for kropsligt velbehag.

Du kan derimod mærke Helligåndens fylde og glæde, når du giver din tid og dine egendele til Guds virke. Når man følger Helligåndens ønsker igen og igen, vil man ikke kun få stadig mere åndelig glæde, men hjertet vil også i stigende grad forandre sig i retning af sandheden. I den grad dette sker, vil man bære glædens modne frugt, og ens ansigt vil skinne med åndeligt lys.

For det tredje skal vi flittigt så glædens og taknemmeligheden frø.

For at bonden kan høste afgrøderne, må han så sæden og passe den. På samme måde må vi flittigt undersøge taknemmelighedens betingelser og give gaver til Gud i taknemmelighed, hvis vi vil bære glædens frugt. Vi er Guds børn, som har tro, så der er mange ting at glæde sig over!

For det første har vi frelsens glæde, som ikke kan byttes med noget som helst. Den gode Gud er vores Fader, og han bevarer sine børn, om lever i sandhed og hører, hvad de beder om. Er det ikke grund til at være glad? Hvis bare vi holder Herrens dag hellig og giver fuldt tiende, vil vi ikke komme ud for uheld eller ulykker hele året. Hvis vi undlader at synde, og i øvrigt holder Guds bud og arbejder trofast for hans rige, så vil vi blive velsignet til hver en tid.

Selv om vi kan komme ud for prøvelser, findes løsningerne på alle problemer i Bibelens 66 bøger. Hvis vanskelighederne skyldes vores egne forkerte handlinger, kan vi angre og omvende os, sådan at Gud vil have barmhjertighed med os og give os svar og løsninger på vores problemer. Hvis vores hjerte ikke fordømmer os, når vi ransager os selv, kan vi glæde os og være taknemmelige. Så vil Gud få alt til at gå godt og give os endnu flere velsignelser.

Vi bør ikke tage den nåde, som Gud viser os, for givet. Vi skal glæde os og være taknemmelige til enhver tid. Når vi finde grundene til at være taknemmelige og fryde os, vil Gud give os endnu flere grunde. Dermed vil vores tak og glæde øges, og til sidst vil vi bære glædens frugt fuldkommen.

Sorg selv efter at man har båret glædens frugt

Selv om vi bærer glædens frugt i vores hjerter, bliver vi nogen gange sorgfulde. Så er der tale om den åndelige sorg, som sker i sandheden.

For det første er der angerens sorg. Hvis der kommer prøvelser og trængsler, som skyldes vores synder, kan vi ikke løse problemet ved kun at glæde os og være taknemmelige. Hvis man kan glæde sig efter at man har begået en synd, er der tale om en verdslig glæde, som ikke har noget med Gud at gøre. I dette tilfælde må vi angre med tårer og omvende os. Vi må angre grundigt og tænke: "Hvordan kunne jeg begå sådan en synd, når jeg tror på Gud? Hvordan kunne jeg forsage Herrens nåde?" Så vil Gud acceptere vores anger, og som bevis på at syndens mur er blevet revet ned, vil han give os glæde. Vi vil føle os lette og glade, som om vi fløj i luften, og denne nye glæde og taknemmelighed vil komme fra oven.

Men angerens sorg er helt anderledes end de sorgfulde tårer, som fældes på grund af problemer eller ulykker. Selv om man beder med tårer og løbende næse, er det kun en kødelig sorg, så længe man græder med modvilje over ens situation. Hvis man forsøger at undslippe problemerne med frygt for straf og ikke omvender sig fra sine synder, kan man ikke opnå sand glæde. Man vil heller ikke føle, at man bliver tilgivet. Men hvis sorgen er sand sorg i anger, må man skille sig af med viljen til at begå synder og derefter bære angerens frugt. Først da vil man igen få åndelig glæde fra oven.

Derefter er der den sorg, man føler, når Gud bliver vanæret, eller sorgen for de sjæle, som går mod døden. Det er den slags sorg, som er passende i forhold til sandheden. Hvis man føler denne form for sorg, vil man bede meget oprigtigt for Guds rige.

Man vil bede om hellighed og kraft til at frelse flere sjæle og øge Guds rige. Derfor er denne sorg god og acceptabel i Guds øjne. Hvis man føler denne åndelige sorg, vil glæden dybt i hjertet ikke forsvinde. Man vil ikke miste styrke ved at være nedtrykt og mismodig, men stadig føle taknemmelighed og lykke.

For flere år siden, viste Gud mig en himmelsk bolig, som var beregnet et menneske, der beder for Guds rige og kirken med stor sorg. Hendes hus var dekoreret med guld og dyrebare ædelsten, og der var især mange skinnende perler. Ligesom en perleøsters danner en perle af al kraft, sørger hun i bøn for at efterligne Herren, og hun beder i sorg for Guds rige og sjælene. Gud gør gengæld for disse tårefulde bønner. Derfor skal vi altid glæde os, når vi tror på Gud, og vi bør også være i stand til at sørge for Guds rige og sjælene.

Vær positiv og følg godheden under alle omstændigheder

Da Gud skabte det første menneske Adam, lagde han glæden ind i Adams hjerte. Men Adams glæde var andenledes end den glæde, vi opnår, når vi har gennemgået den menneskelige kultivering her på jorden.

Adam var et levende væsen, eller en levende ånd, hvilket betyder at han ikke havde nogen kødelige egenskaber, og derfor havde han ikke nogen aspekter, som var modsat glæden. Han havde dermed ikke nogen ide om relativiteten, og var ikke i stand til at indse glædens værdi. Kun de mennesker, som har været syge, er i stand til at forstå, hvor værdifuldt det er at være rask. Kun de mennesker, som har lidt under fattigdom, kan værdsætte det at have et liv i rigdom.

Adam havde aldrig oplevet nogen smerte, og han var ikke i stand til at indse, hvilket lykkeligt liv han levede. Selv om han havde et evigt liv i overflod i Edens have, kunne han ikke for alvor glæde sig af hjertets grund. Men da han havde spist fra kundskabens træ, kom kødet ind i hans hjerte, og han mistede den glæde, som han havde fået af Gud. Han gennemgik mange smertelige hændelser på denne jord, og hans hjerte blev fyldt med sorg, ensomhed, modvilje, nag og bekymringer.

Vi har alle oplevet forskellige smerter på denne jord, og nu skal vi genvinde den åndelige glæde, som Adam mistede. For at gøre det, må vi skille os af med kødet, følge Helligåndens ønsker til enhver tid, og så glædens og taknemmelighedens frø. Hvis vi desuden har en positiv indstilling og følger godheden, vil vi blive i stand til at bære glædens frugt fuldt ud.

Denne glæde kan opnås, når vi har oplevet det relative forhold ved mange ting på denne jord, til forskel fra Adam, som levede i Edens have. Glæden udgår dermed fra vores hjertes grund og er uforanderlig. Den sande lykke, som vi vil opleve i Himlen, er allerede blevet kultiveret i os her på denne jord. Hvordan kan vi udtrykke den glæde, vi vil føle, når vi bliver færdige med vores jordiske liv og kommer i himmeriget?

I Lukasevangeliet 17:21 står der: *"... man vil heller ikke kunne sige: Se, her er det! eller: Se dér! For Guds rige er midt iblandt jer."* Jeg håber, I hurtigt vil bære glædens frugt i jeres hjerter, sådan at I kan smage Himlen på jorden og føre et liv, som altid er fyldt med lykke.

Hebræerbrevet 12:14

"*Stræb efter fred med alle og efter den helligelse, uden hvilken ingen kan se Herren.*"

Kapitel 4

Fred

Fredens frugt
For at bære fredens frugt
Gode ord er vigtige
Tænk klogelig fra andres synspunkt
Sand fred i hjertet
Velsignelser til dem, som skaber fred

Fred

Saltpartikler er ikke synlige, men når de udkrystalliseres, blive de smukke, kubiske krystaller. En lille smule salt opløst i vand ændrer alt vandets struktur. Salt er et absolut nødvendigt smagsstof til madlavning. Mikroelementerne i salt er i meget små mængder fuldkommen afgørende for opretholdelse af vores livsfunktioner.

Ligesom saltet opløses for at give maden smag og forebygge fordærvelse, vil Gud, at vi skal ofre os for at opbygge og rense andre, og for at bære fredens smukke frugt. Lad os nu se nærmere på freden, som en af Helligåndens frugter.

Fredens frugt

Selv om folk tror på Gud, kan de ikke opretholde freden med hinanden, så længe de har et ego eller et "selv." Hvis de tror, at kun deres egne idéer er rigtige, har de tendens til at ignorere andres holdninger og handle usømmeligt. Selv om der er opnået enighed gennem afstemning, bliver nogle mennesker ved med at beklage sig over beslutningen. De ser også kun på andre menneskers fejl, i stedet for at se deres gode sider. Og så kan de tale ondt om andre og udbrede rygter, og dermed fjerner de andre mennesker fra hinanden.

Når vi omgås sådanne mennesker, kan vi måske føle, at vi sidder på en seng af torne og ikke har nogen fred. Hvor der er folk, der bryder freden, er der altid problemer, vanskeligheder og trængsler. Hvis freden brydes i et land, en familie, et arbejdssted, en kirke eller enhver anden gruppe, vil vejen til velsignelser blive blokeret, og der vil komme mange vanskeligheder.

I et skuespil er helten eller heltinden naturligvis vigtige, men de andre roller og det øvrige personales arbejde er også vigtigt. Det samme gælder i alle andre organisationer. Når alle udfører deres del af arbejdet, selv om det måske kan virke som en detalje, kan opgave blive løst tilfredsstillende, og disse mennesker kan senere få større opgaver. Så man må ikke være arrogant, bare fordi det job, man udfører, er vigtigt. Når alle er fælles om at hjælpe hinanden, kan opgaverne løses i fred.

I Romerbrevet 12:18 står der: *"Hold fred med alle mennesker, om det er muligt, så vidt det står jer for."* Og i Hebræerbrevet 12:14 står der: *"Stræb efter fred med alle og efter den helligelse, uden hvilken ingen kan se Herren."*

Fred er her at være i stand til at gå med på andres forslag, selv om vi mener, at vores egne holdninger er rigtigt. Det er at berolige andre mennesker. Det er et gavmildt hjerte, hvormed vi kan have det godt med hvad som helst, så længe det er inden for sandhedens grænser. Det er at søge andres vinding uden forskelsbehandling. Det er at forsøge at undgå problemer eller konflikter med andre ved at afstå fra at udtrykke personlige, modstridende holdninger og ved ikke at se på andre menneskers mangler.

Guds børn skal ikke alene opretholde freden mellem mand og kone, forældre og børn, brødre og naboer, men også være i fred med alle andre mennesker. De skal ikke kun være i fred med dem, de elsker, men også med dem, som ikke bryder sig dem eller som skaber problemer for dem. Det er især vigtigt at opretholde freden indenfor menigheden. Gud kan ikke arbejde, hvis freden bliver brudt. Det vil kun give Satan lejlighed til at anklage os. Og selv om vi arbejder hårdt og opnår store mål i Guds virke, fortjener vi ingen ros, hvis freden bliver brudt.

I Første Mosebog 26 holder Isak fred med alle, selv i situationer, hvor andre mennesker udfordrer ham. I forsøg på at undgå hungersnøden tog Isak derhen, hvor filistrene levede. Han blev velsignet af Gud, så hans flokke af får og køer voksede, og han havde en stor husholdning. Filistrene blev jaloux på ham og ødelagde hans brønde ved at fylde dem med jord.

Der var ikke regn nok i området, og særligt om sommeren var det et problem. Brøndene var deres livsliner. Isak begyndte dog ikke at skændes eller slås med dem. Han forlod bare stedet og gravede en anden brønd. Men når som helst han med store anstrengelser fandt en brønd, kom filistrene og insisterede på, at brønden var deres. Ikke desto mindre undlod Isak at protestere, og han lod dem uden videre få brøndene. Så flyttede han til et nyt sted og gravede en ny brønd.

Dette gentog sig mange gange, men Isak behandlede alligevel folk med godhed, og Gud velsignede ham til at klare sig godt overalt, hvor han kom. Da filistrene så dette, indså de at Gud var med Isak, og så holdt de op med at genere ham. Hvis Isak havde skændtes eller kæmpet med dem, fordi han blev uretfærdigt behandlet, ville han være blevet deres fjende, og han ville under alle omstændigheder have været nødt til at forlade stedet. Og selv om han havde holdt på sin ret på rimelig vis, ville det ikke have fungeret, for filistrene havde onde intentioner og var ude på at skabe strid. Derfor behandlede Isak dem med godhed og bar fredens frugt.

Hvis vi bærer fredens frugt på denne måde, vil Gud kontrollere situationen, sådan at vi får medgang. Så hvordan kan vi bære fredens frugt?

For at bære fredens frugt

For det første skal vi være i fred med Gud.
Det vigtigste for at opretholde freden med Gud er, at vi ikke må have en mur af synd. Adam måtte skjule sig fra Gud, fordi han havde brudt Guds ord og spiste den forbudne frugt (Første Mosebog 3:8). Han havde ellers haft en meget nær relation med Gud, men nu følte han frygt og adskillelse ved Guds nærvær. Freden med Gud var blevet brudt på grund af synden.

Det samme sker for os. Når vi handler i sandheden, kan vi være i fred med Gud og have frimodighed i forhold til ham. Hvis vi vil opnå en fuldkommen perfekt fred, må vi naturligvis skille os af med alle synder og ondskab i hjertet og blive hellige. Men selv om vi ikke er fuldkomne endnu, kan vi have fred med Gud, så længe vi praktiserer freden flittigt indenfor målet af vores tro. Vi kan ikke have en fuldkommen fred med Gud lige fra begyndelsen, men vi kan opnå fred med ham, når vi forsøger at søge hans fred indenfor målet af vores tro.

Selv når vi forsøger at være i fred med andre mennesker, må vi først og fremmest søge freden med Gud. Vi skal søge at være i fred med vores forældre, børn, ægtefæller, venner og medarbejdere, men vi må aldrig gøre noget, som er i modstrid med sandheden. Vi må nemlig ikke bryde freden med Gud for at være i fred med andre mennesker.

Hvad hvis vi for eksempel bukker for afguder eller undlader at holde Herrens dag hellig for at være i fred med ikke-troende familiemedlemmer? Det kan et øjeblik virke som om, vi opnår fred, men rent faktisk har vi brudt freden med Gud på alvorlig vis, og dermed skabt en mur af synd, som skiller os fra ham. Vi må ikke synde for at være i fred med andre mennesker. Hvis vi undlader at helligholde Herrens dag for at deltage i en vens eller et familiemedlems bryllup, så bryder vi freden med Gud og så kan vi i sidste ende heller ikke have sand fred med de pågældende personer.

Hvis vi vil have sand fred med mennesker, må vi først behage Gud. Så vil Gud bortdrive den fjendtlige djævel og Satan, og forandre de onde menneskers sind, sådan at vi kan være i fred med alle. I Ordsprogenes Bog 16:7 står der: *"Når Herren finder behag i en mands færd, får han også hans fjender til at slutte fred med ham."*

Det kan naturligvis ske, at andre mennesker bliver ved med at bryde freden med os, selv om vi gør vores bedste indenfor sandheden. I dette tilfælde vil Gud i sidste ende få alt til at løse sig, hvis vi bliver ved med at holde os til sandheden. Det skete for David og kong Saul. Kongen forsøgte at dræbe David på grund af jalousi, men David behandlede ham med godhed indtil det sidste. David havde flere muligheder for at slå Saul ihjel, men han valgte at søge freden med Gud og godheden. Til sidste lod Gud David få tronen for at gøre gengæld for hans gode gerninger.

For det andet må vi være i fred med os selv.

For at være i fred med os selv, må vi skille os af med alle former for ondskab og blive hellige. Så længe vi har ondskab i vores hjerter, vil den kunne opildnes i forskellige situationer, og så vil freden blive brudt. Vi tror måske, at vi er i fred, når tingene går så godt, som vi havde regnet med, men freden bliver brudt, når noget begynder at gå dårligt, og det påvirker ondskaben i vores hjerter. Når hadet og vreden koger i vores hjerter, er det rigtig ubehageligt! Men vi kan have fred i hjertet uanset omstændighederne, hvis vi bliver ved med at holde os til sandheden.

Nogle mennesker har dog ikke sand fred i deres hjerter, selv om de forsøger at praktisere sandheden for at være i fred med Gud. Det skyldes, at de er selvretfærdige og har personlige tankebygninger.

For eksempel er der nogle mennesker, som ikke har fred i sindet, fordi de er for bundet af Guds ord. Ligesom Job før han gennemgik sine trængsler, beder de indtrængende og forsøger at leve ved Guds ord, men de gør ikke disse ting af kærlighed til Gud. De lever ved Guds ord af frygt for straf. Og hvis de tilfældigt kommer til at overtræde sandheden under uheldige omstændigheder, bliver de meget nervøse og frygter, at der vil komme ubehagelige konsekvenser.

Hvor vil de have store kvaler i dette tilfælde, hvis de ellers flittigt handler i sandheden! Så vil deres åndelige vækst stoppe, og de vil miste glæden. De lider trods alt på grund af deres egen selvretfærdighed og tankebygninger. Så i stedet for at være besatte af at opfylde loven med deres handlinger, skal de forsøge at kultivere kærligheden til Gud. Man kan opnå den sande fred, hvis man elsker Gud af hele hjertet og indser Guds kærlighed.

Her er et andet eksempel. Nogle mennesker er ikke i fred med sig selv på grund af deres negative tænkemåde. De forsøger at praktisere sandheden, men fordømmer sig selv og skaber store smerter for sig selv, hvis de ikke får de resultater, de ønsker. Så skammer de sig overfor Gud og mister modet, fordi de føler, at de har så mange mangler. De mister deres indre fred og tænker: "Hvad hvis folk omkring mig bliver skuffede over mig? Og hvad hvis de forsager mig?"

Sådanne mennesker skal gøre sig til børn rent åndeligt. De børn, som tror på deres forældres kærlighed, tænker på en ret enkel måde. Selv om de begår fejl, forsøger de ikke at skjule det fra deres forældre, men omfavner dem i stedet og siger, at de vil forsøge at forbedre sig. Hvis de siger, at de er kede af det, og at de vil gøre det bedre, med kærlighed og tillid, vil det sandsynligvis fremkalde forældrenes smil, selv om de egentlig forsøgte at irettesætte barnet.

Det betyder naturligvis ikke, at man bare skal sige, at man vil forbedre sig, mens man fortsætter med at lave de samme fejl. Men hvis man for alvor ønsker at omvende sig fra synderne og gøre det bedre næste gang, hvorfor skulle Gud så vende ansigtet bort? De, som for alvor angrer, mister ikke modet på grund af andre mennesker. De kan måske være nødt til at modtage straffe eller få en lavere stilling i nogen tid. Men hvis de virkelig er sikre på Guds kærlighed til dem, vil de villigt acceptere Guds straf og de vil være ligeglade med andre mennesker synspunkter og kommentarer.

Omvendt vil det ikke behage Gud, hvis de bliver ved med at tvivle og tænke, at de måske ikke bliver tilgivet deres synder. Hvis de for alvor har angret og omvendt sig, så er det i Guds øjne godt at de også tror på, de er blevet tilgivet. Selv om der kommer trængsler, som skyldes deres overtrædelser, så vil de forvandles til velsignelser, hvis folk tager imod dem med glæde og taknemmelighed.

Derfor må vi tro på, at Gud elsker os, selv om vi ikke er fuldkomne endnu, og at han vil gøre os fuldkomne, hvis bare vi bliver ved med at forsøge at forandre os. Hvis vi bliver ydmyget under trængslerne, må vi stole på at Gud i sidste ende vil ophøje os. Vi må ikke blive utålmodige på grund af ønsket om andre menneskers anerkendelse. Hvis vi bliver ved med at samle sammen af sandfærdige gerninger, kan vi være i fred med os selv og have åndelig frimodighed.

For det tredje skal vi være i fred med alle og enhver.
For at opnå at være i fred med alle og enhver, skal vi være i stand til at ofre os. Vi skal ofre os for andre, og endda være parate til at give vores liv. Paulus sagde: "Hver dag dør jeg", og vi må på samme måde lade være med at insistere på vores egne holdninger eller interesser, og i stedet søge freden.

Vi må ikke handle usømmeligt eller forsøge at prale af os selv, hvis vi vil opnå fred. Vi skal ydmyge os af hjertets grund og ophøje andre. Vi bør ikke gøre forskel, men skal på samme tid være i stand til at acceptere, at andre mennesker er anderledes, så længe de holder sig indenfor sandheden. Vi bør ikke kun tænke ud fra vores eget mål af tro, men også se tingene fra andres synspunkt. Selv om vi måske selv har ret, skal vi alligevel væres i stand til at gå med på andres idéer.

Det betyder dog ikke, at vi bare skal lade andre være, som de er, hvis det betyder, at de går mod døden på grund af deres synder. Vi bør heller ikke gå på kompromis med dem eller deltage i deres usandfærdige aktiviteter. Vi må til tider rådgive dem eller formane dem med kærlighed. Vi kan få store velsignelser, når vi søger freden indenfor sandhedens rammer.

Derefter må vi lade være med at insistere på vores selvretfærdighed og tankebygninger, når vi søger at være i fred med alle. "Tankebygningerne" er det, som man selv mener, er rigtigt, på baggrund af den individuelle personlighed, ejerfølelse og præferencer. "Selvretfærdighed" er her at forsøge at pådutte andre ens egne holdninger, overbevisninger og idéer, fordi man regner egne synspunkter for overlegne. Selvretfærdighed og tankebygninger viser sig på mange måder i vores dagligdag.

Hvad hvis et menneske bryder reglerne i et firma og retfærdiggør sine handlinger med at tænke, at reglerne er forkerte? Han kan måske tro, at det, han gør, er i orden, men hans chef og medarbejdere synes åbenbart noget andet. Man handler i sandhed, når man går med på andres holdninger, så længe de ikke er usandfærdige.

Folk har hver især deres individuelle personlighed, for vi er opvokset i forskellige miljøer. Vi har fået forskellige former for opdragelse og har hvert vores mål af tro. Så ethvert menneske har sin standart til at bedømme, hvad der er rigtigt og forkert eller godt og dårligt. Et menneske kan mene, at noget bestemt er rigtigt, mens en anden vil tænke, at det er forkert.

Lad os for eksempel se på forholdet mellem mand og kone. Manden vil gerne have, at huset altid er rent og pænt, men konen sørger ikke for det. I begyndelsen bærer manden over med hende med kærlighed, og gør selv rent. Men efterhånden bliver han frustreret. Han begynder at synes, at hans kone ikke har fået en ordentlig opdragelse. Og han undrer sig over, hvordan hun kan undlade at gøre noget, der er så enkelt og indlysende. Han forstår ikke, hvorfor hun ikke ændrer adfærd selv efter mange år, til trods for hans hyppige råd.

Men konen har også noget at sige. Hendes skuffelse over manden vokser, og hun tænker: "Jeg er her vel ikke kun for at gøre rent og passe huset. Hvis jeg til tider ikke kan gøre rent, så kan han selv gøre det. Hvorfor beklager han sig så meget? Tidligere var det som om, han ville gøre hvad som helst for mig, men nu beklager han sig over selv små ting. Og han brokker sig endda over min opdragelse!" Hvis de hver især holder fast på deres egne holdninger og ønsker, vil de ikke opnå fred. Freden kan først etableres, når de hver især ser tingene fra den andens synspunkt og tjener hinanden. Det vil ikke lykkes, hvis de kun ser tingene fra egen side.

Jesus sagde, at hvis vi ligger i strid med en af vores brødre, når vi ofrer til Gud, så skal vi først løse striden med broderen, og derefter foretaget ofret (Matthæusevangeliet 5:23-24). Vores ofrer vil først blive accepteret af Gud, når vi er i fred med vores medmennesker.

De, som er i fred med Gud og med dem selv, vil ikke bryde freden med andre. De vil ikke skændes med nogen, for de har allerede skilt sig af med deres grådighed, arrogance, stolthed, selvretfærdighed og tankebygninger. Selv når andre er onde og skaber problemer, vil de fredfyldte mennesker ofre sig og i sidste ende opnå fred.

Gode ord er vigtige

Der er nogle ting, vi må overveje, når vi forsøger at skabe fred. Det er virkelig vigtigt kun at tale med gode ord for at opretholde freden. I Ordsprogenes Bog 16:24 står der: *"Liflige ord er*

flydende honning, sød for sjælen og lægedom for kroppen."
Gode ord giver styrke og mod til de mennesker, som er nedtrykte. De kan være den medicin, som genopliver de døende sjæle. Omvendt vil onde ord bryde freden. Da Rehabeam, kong Salomos søn, overtog tronen, bad folk fra de ti stammer ham om at reducere deres hårde arbejde. Kongen svarede: *"Jeg vil lægge et tungt åg på jer, og jeg vil gøre det tungere; har min far tugtet jer med svøber, vil jeg tugte jer med skorpioner!"* (Anden Krønikebog 10:14). På grund af disse ord kom der afstand mellem kongen og folket, og det resulterede i sidste ende i at landet blev delt i to.

Menneskets tunge udgør en meget lille del af kroppen, men den har stor magt. Det kan sammenlignes med, at en lille flamme kan blive til en stor ild og skabe voldsomme skader, hvis den ikke bliver kontrolleret. Derfor står der i Jakobsbrevet 3:6: *"Også tungen er en ild. Som selve den uretfærdige verden sidder tungen midt blandt vore lemmer; den smitter hele legemet og sætter tilværelsens hjul i brand og er selv sat i brand af Helvede."* Og i Ordsprogenes Bog 18:21 står der: *"Liv og død er i tungens vold, de, der er venner med den, nyder dens frugt."*

Hvis vi taler med modvilje eller beklagelse på grund af meningsforskelle, vil det bibringe negative følelser, og dermed kan den fjendtlige djævel og Satan fremsætte deres anklager. Der er forskel på, om vi holder beklagelser og modvilje for os selv, eller om vi viser dem udadtil gennem ord og handlinger. Ét er at have en bøtte blæk i lommen, men at tage låget af den og hælde blækket ud er noget andet. Når man hælder det ud, vil det besudle både en selv og omgivelserne.

På samme måde kan man måske beklage sig, når man arbejder for Gud, fordi der er visse ting, man ikke selv er enig i. Så vil andre måske have de samme holdninger og tale på samme måde. Hvis antallet af personer øges, og er der to eller tre, der mener det samme, blive det Satans synagoge. Freden vil blive brudt i kirken og menighedens vækst vil stoppe. Derfor skal vi altid kun se, høre og tale med gode ord (Efeserbrevet 4:29). Vi må slet ikke høre de ord, som ikke er sande og gode.

Tænk klogelig fra andres synspunkt

Det vi skal se på nu, er de tilfælde, hvor man ikke selv bærer nag overfor et andet menneske, men denne person alligevel bryder freden. Her skal man tænke over, om det virkelig er den andens fejl. Til tider er man selv skyld i, at andre mennesker bryder freden, selv om man ikke er klar over det.

Man kan måske komme til at såre andres følelser på grund af uovervejede eller ukloge ord eller handlinger. I dette tilfælde kan man ikke opnå fred med det andet menneske eller få en selvindsigt, som kan hjælpe med at skabe forandring, hvis man fortsætter med at tro, at man ikke har nogen negative følelser overfor vedkommende. Man skal være i stand til at undersøge, om man virkelig skaber fred, også fra den andens synspunkt.

En leder kan måske tro, at han opretholder freden, men hans medarbejdere kan have det svært. De kan ikke åbent udtrykke deres følelser overfor deres overordnede, men kun bære rundt på dem hver især med stor smerte.

Der findes en berømt historie om statsminister Hwang Hee i Chosun dynastiet. Han så engang en bonde, som var i færd med at pløje sin mark med to okser. Ministeren spurgte bonden med høj stemme: "Hvilken af de to okser arbejder hårdest?" Bonden greb ministeren ved armen og førte ham et stykke væk. Så hviskede han ham i øret: "Den sorte kan til tider være lidt doven, men den gullige arbejder hårdt." Hwang Hee smilede og sagde: "Men hvorfor har du taget mig her hen for at hviske om okserne?" Hvortil bonden svarede: "Selv dyrene bryder sig ikke om det, hvis vi siger noget grimt om dem." Det siges, at Hwang Hee indså, at han havde været ubetænksom.

Hvad ville der være sket, hvis de to okser havde forstået, hvad bonden sagde? Den gullige ville være blevet arrogant, og den sorte ville være blevet misundelig og have begyndt at skabe problemer for den gullige, eller den ville være blevet mismodig og have arbejdet endnu mindre end før.

Denne historie lærer os at vise hensyn, selv overfor dyr, og vi skal være forsigtige med ikke at gøre forskel med hverken ord eller handlinger. Hvor der er forskelsbehandling, vil der også være misundelse og arrogance. Hvis man for eksempel roser eller irettesætter én person foran mange andre, så skaber man grundlag for stridigheder. Man skal være forsigtig og vis nok til ikke at skabe sådanne problemer.

Der er mennesker, som lider under forskelsbehandling og diskriminering fra deres overordnede, og alligevel udøver de selv både forskelsbehandling og diskriminering, når de får underordnede. Men hvis man lider under sådanne urimeligheder, skal man være forsigtig med både ord og handlinger, så freden ikke bliver brudt.

Sand fred i hjertet

En anden ting, man skal tænke over, når man søger freden, er at sand fred må opnås i hjertet. Selv de mennesker, som ikke har fred med Gud eller med dem selv, kan i nogen grad være i fred med andre mennesker. Mange troende har ofte hørt, at de ikke må bryde freden, så de kan være i stand til at kontrollere deres negative følelser og undgå sammenstød med andre, selv om de er uenige med dem. Men det, at man udadtil ikke har nogen konflikter, betyder ikke, at man har båret fredens frugt. For den bæres ikke kun udenpå, men også i hjertet.

Hvis for eksempel et andet menneske ikke tjener os eller anerkender os, kan vi føle modvilje, men vi udtrykker det måske ikke udadtil. Vi tænker måske: "Jeg må have lidt mere tålmodighed!", og forsøger at være venlig med vedkommende. Men lad os forestille os, at det samme sker igen.

Så vil vi måske føle endnu større modvilje. Vi kan ikke udtrykke det direkte, for det vil kun såre vores stolthed, men vi kan måske kritisere vedkommende indirekte. På en eller anden måde vil vi komme til at afsløre vores følelser. Til tider kan vi have svært ved at forstå andre, og det kan forhindre os i at opnå fred med dem. Vi holder munden lukket af frygt for at starte et skænderi. Så vi lader være med at tale med vedkommende, men ser ned på ham og tænker: "Han er så ond og selvoptaget, at jeg ikke kan tale med ham."

På denne måde bryder man ikke freden udadtil, men man opnår heller ikke at have gode følelser i forhold til den anden. Man er uenig i hans holdninger, og kan ligefrem føle, at man ikke har lyst til at være sammen med ham. Man kan endda beklage sig over ham ved at fortælle andre om hans fejl. Man bygger på sine egne ubehagelige følelser og siger: "Han er virkelig ond. Hvordan kan nogen forstå ham og det, han har gjort? Men jeg vil tåle ham og handle i godhed." Det er naturligvis bedre på denne måde at undlade at bryde freden, end at gøre det direkte.

Men for at opnå sand fred skal man tjene andre af hjertets grund. Man bør ikke undertrykke sine følelser og fastholde ønsket om selv at blive tjent. I stedet bør man have viljen til at tjene andre og søge deres bedste.

Man bør ikke bare smile udadtil, mens man indvendigt dømmer andre. Man skal forstå andre fra deres synsvinkel. Først da kan Helligånden arbejde. Selv når andre søger deres eget, vil de blive bevæget og forandre sig. Når alle de involverede har mangler, kan de alle påtage sig skylden. I sidste ende kan alle opnå sand fred og være i stand til at dele deres følelser.

Velsignelser til dem, der skaber fred

De, som er i fred med Gud, sig selv og alle andre, har magt til at drive mørket bort. Så de kan skabe fred omkring sig. Som der står i Matthæusevangeliet 5:9: *"Salige er de, som stifter fred, for de skal kaldes Guds børn."* De har magt som Guds børn, dvs. lysets magt.

Hvis man for eksempel er kirkeleder, kan man hjælpe de troende med at bære fredens frugt. Man kan nemlig give den sandhedens ord, som har magt og kraft, sådan at de kan gå bort fra deres synder og nedbryde deres selvretfærdighed og tankebygninger. Når Satans synagoge opstår og fjerner folk fra hinanden, kan man ødelægge den med ordets kraft. På denne måde kan man skabe fred mellem mennesker.

I Johannesevangeliet 12:24 står der: *"Sandelig, sandelig siger jeg jer: Hvis hvedekornet ikke falder til jorden og dør, bliver det kun det ene korn; men hvis det dør, bærer det mange fold."* Jesus ofrede sig og døde som et hvedekorn, og bar mange fold. Han tilgave utallige døende sjæles synder og lod dem have fred med Gud. Resultatet var at Herren selv blev kongernes Konge og herrernes Herre, og fik stor ære og herlighed.

Vi kan kun få en overvældende høst, når vi ofrer os selv. Gud Fader vil, at hans elskede børn ofrer sig og "dør som hvedekorn" for at bære frugt i mange fold ligesom Jesus. I Johannesevangeliet 15:8 står der: *"Derved helliggøres min fader, at I bærer megen frugt og bliver mine disciple."* Som sagt skal vi følge Helligåndens ønsker for at bære fredens frugt og føre mange sjæle på vejen til frelse.

I Hebræerbrevet 12:14 står der: *"Stræb efter fred med alle og efter den helligelse, uden hvilken ingen kan se Herren."* Selv om man har fuldkommen ret, skal man ransage sig selv, hvis andre oplever ubehag på grund af det, man siger og gør, og der opstår konflikter, for det er ikke godt i Guds øjne. Så kan man blive et helligt menneske, som ikke har nogen ondskab, og som kan se Herren. Jeg håber, at du ved at gøre dette vil opnå åndelig magt på denne jord som barn af Gud, og at du vil få en ærefuld stilling i Himlen, hvor du kan se Herren til hver en tid.

Jakobsbrevet 1:4

"Og udholdenheden skal føre til fuldendt værk,

for at I kan være fuldkomne og helstøbte

og ikke stå tilbage i noget."

Alt Dette Er Loven Ikke Imod

Kapitel 5

Tålmodighed

Tålmodigheden som ikke behøver være tålmodig
Tålmodighedens frugt
Trosfædrenes tålmodighed
Tålmodighed til at komme i himmeriget

Tålmodighed

Det virker ofte som om lykken i tilværelsen afhænger af, om vi kan være tålmodige. På grund af manglende tålmodighed gør folk ting overfor deres forældre, børn, mænd, koner, søskende eller venner, som de senere fortryder meget. Succes og mangel på samme i vores studier og arbejdsliv kan også afhænge af vores tålmodighed. Så den er et meget vigtigt element i vores liv.

Åndelig tålmodighed og det, som almindelige verdslige mennesker regner for at være tålmodighed er vidt forskellige. Folk i denne verden udholder med tålmodighed, men der er tale om den kødelige slags. Hvis de bærer nag, forsøger de at undertrykke deres følelser. De bider måske tænderne sammen eller holder op med at spise. I sidste ende vil de opleve problemer i form af nervøsitet eller depression. Alligevel siger man, at sådanne mennesker, som undertrykker deres følelser, udviser stor tålmodighed. Men der er ikke tale om åndelig tålmodighed.

Tålmodigheden som ikke behøver være tålmodig

Åndelig tålmodighed er ikke at være tålmodig med ondskab, men derimod kun med godhed. Hvis man er tålmodig med godhed, kan man overkomme problemerne med taknemmelighed og håb. Dette vil føre til et mere rummeligt hjerte. Hvis man omvendt er tålmodig med ondskab, vil naget hobe sig op og hjertet vil blive mere og mere hårdt.

Lad os antage, at nogen forbander os og giver os vanskeligheder uden årsag. Vi kan måske føle, at vores stolthed bliver såret og at vi er ofre for de andres ondskab, men vi kan også undertrykke disse følelser og tænke, at vi skal være tålmodige i overensstemmelse med Guds ord. Men vores ansigtet bliver røde, vejrtrækningen bliver hurtigere og læberne strammes, i takt med at vi forsøger at kontrollere vores tanker og følelser. Hvis vi undertrykker vores følelser på denne måde, kan de senere dukke op igen, hvis tingene bliver værre. Denne form for tålmodighed er ikke åndelig.

Hvis man har åndelig tålmodighed, vil hjertet ikke blive opildnet af noget. Selv om man bliver fejlagtigt beskyldt for noget, vil man forsøge at berolige andre mennesker og tænke, at det må være en misforståelse. Hvis man har et sådant hjerte, vil man ikke have behov for at "udholde" eller "tilgive" noget. Lad mig komme med at eksempel.

På en kold vinternat var der ét hus, hvor lyset stadig var tændt sent om natten. Babyen i huset havde feber, som kom op omkring 40 grader. Barnets far gennemblødte sin T-shirt med koldt vand og holdt barnet. Da faren lagde et koldt håndklæde på drengen, blev han forskrækket og brød sig ikke om det. Men han faldt hurtigt til ro i farens arme, selv om håndklædet føltes koldt i et øjeblik.

Når T-shirten og håndklædet blev varme på grund af babyens feber, gjorde faren dem igen våde med koldt vand. Det skete igen og igen indtil det blev morgen. Men han virkede ikke træt. Han betragtede sin baby, som sødt og sikkert i favnen, med et kærligt blik.

Selv om faren havde været oppe hele natten, beklagede han sig ikke over sult eller træthed. Han havde ikke tid til at tænke på, hvordan han selv havde det. Hele hans opmærksomhed var fokuseret på babyen, og alle tanker drejede sig om dens ve og vel. Da drengen begyndte at få det bedre, tænkte faren heller ikke på, hvordan han havde ofret sig. Når vi elsker nogen, kan vi helt automatisk udholde vanskeligheder og trængsler, og derfor vil vi ikke have behov for at være tålmodige. Dette er den åndelige betydning af "tålmodighed."

Tålmodighedens frugt

Vi kan finde "tålmodighed" i Første Korintherbrev kapitel 13, "kærlighedskapitlet", hvor der tales om tålmodighed til at kultivere kærlighed. Der står for eksempel, at kærligheden ikke søger sit eget. For at opgive det vi selv vil og søge andres vinding i overensstemmelse med dette ord, vil vi til tider komme ud for situationer, hvor tålmodighed er påkrævet. Tålmodigheden i "kærlighedskapitlet" er tålmodighed til at kultivere kærlighed.

Men den tålmodighed, der er en af Helligåndens frugter, er tålmodighed i alle forhold. Der er tale om tålmodighed på at højere niveau end tålmodigheden i åndelig kærlighed. Der kan opstå vanskeligheder, når vi forsøger at nå vores mål, uanset om det er for Guds rige eller for personlig helligelse. Der vil være sorg og udmattende slid. Men vi kan udholde tålmodigt med tro og kærlighed, fordi vi har det håb, at vi vil høste frugten. Denne form for tålmodighed er en af Helligåndens frugter. Der er tre aspekter af denne tålmodighed.

Det første er tålmodighed til at forandre vores hjerter.
Jo mere ondskab, vi har i hjertet, jo sværere er det at være tålmodig. Hvis vi har store mængder vrede, arrogance, grådighed, selvretfærdighed og tankebygninger, vil vi have et voldsomt

temperament og kunne bære nag over selv små detaljer.

Der var et medlem af kirken, som havde en månedlig indkomst på omkring 15.000 dollars (80.000 kr.), men en måned var hans indkomst langt lavere end normalt. Så brokkede han sig til Gud. Senere erkendte han, at han var utaknemmelige for sin velstand, fordi hans hjerte var fuldt af grådighed.

Vi bør være taknemmelige for alt det, Gud giver os, også selv om vi ikke tjener ret mange penge. Så vil grådigheden ikke vokse i vores hjerter, og det vil være lettere for os at få Guds velsignelser.

I takt med at vi skiller os af med ondskaben og bliver hellige, vil det blive lettere og lettere at være tålmodige. Vi kan udholde selv vanskelige situationer i stilhed. Vi kan forstå andre og tilgive dem uden at være nødt til at undertrykke noget.

I Lukasevangeliet 8:15 står der: *"Men det [korn] i den gode jord, det er dem, der hører ordet og bevarer det i et smukt og godt hjerte, er udholdene og bærer frugt."* De, der har hjerter, der er ligesom god jord, kan nemlig være tålmodige indtil de bærer god frugt.

Ikke desto mindre har vi stadig behov for udholdenhed og vi må anstrenge os for at forandre vores hjerter til god jord. Hellighed kan ikke opnås automatisk bare ved at ønske det. Vi må gøre os lydige overfor sandheden ved at bede indtrængende af hjertets grund og faste. Vi skal give afkald på alt det, vi engang har elsket, og hvis noget ikke er nyttigt rent åndeligt, må vi skille os af med det. Vi må ikke stoppe på halvvejen eller holde op med at prøve efter nogle få gange. I stedet skal vi gøre vores bedste med selvkontrol og ved at handle ved Guds ord, indtil vi høster hellighedens frugt fuldt ud og opnår vores mål.

Troens endelige mål er himmeriget, og især det smukkeste bosted, Ny Jerusalem. Vi skal blive ved med at skride frem med flid og tålmodighed, til vi når vores destination.

Sommetider ser vi tilfælde, hvor folk sætter farten af deres helligelse ned til trods for at de ellers lever et flittigt kristent liv.

De skiller sig hurtigt af med "kødets gerninger", fordi disse synder er synlige udadtil. Men da "det kødelige" ikke kan ses udenpå, er de langsommere til at skille sig af med det. Når de finde noget usandt i sig selv, beder de for at skille sig af med det, men efter nogle dage glemmer de det igen. Hvis man vil skille sig af med ukrudtet, kan man ikke kun plukke bladene; man er nødt til at trække det op med rod. Det samme gælder for den syndefulde natur. Man må bede og forandre sit hjerte indtil det sidste, dvs. indtil man har trukket den syndefulde natur op med rod.

Da jeg var ny i troen, bad jeg for at skille mig af med bestemte synder, fordi jeg kunne forstå ud fra Bibelen, at Gud hader de syndefulde egenskaber såsom had, temperament og arrogance. Når jeg holdt fast på mine selvcentrerede synspunkter, kunne jeg ikke skille mig af med hadet og naget i mit hjerte. Men gennem bønnen gav Gud mig nåde til at forstå andre menneskers standpunkter. Alle mine negative følelser overfor dem smeltede væk og hadet var forsvundet.

Jeg lærte at være tålmodig i takt med, at jeg skilte mig af med vreden. I situationer hvor jeg blev anklaget fejlagtigt, talte jeg i hovedet: "en, to, tro, fire...." og jeg stoppede mig i at sige det, jeg egentlig ville. Først var det vanskeligt at styre temperamentet, men efterhånden som jeg blev ved med at forsøge, forsvandt vreden og irritationen lidt efter lidt. I sidste ende var der slet ikke noget tilbage af det i mit sind, selv i meget provokerende situationer.

Jeg tror, det tog mig tre år at skille mig af med min arrogance. Da jeg var ny i troen, vidste jeg ikke, hvad arrogance var, men jeg bad alligevel for at skille mig af med den. Jeg blev ved med at ransage mig selv, mens jeg bad. Resultatet var, at jeg blev i stand til at respekterer og ære mennesker, som syntes at være mig underlegne på mange områder. Senere kunne jeg tjene andre pastorer med samme indstilling, uanset om de havde overordnede stillinger eller lige var blevet ordineret. Da jeg tålmodigt havde bedt i tre år, indså jeg, at jeg ikke længere havde arrogante træk, og fra da af var det ikke længere nødvendigt for mig at bede for arrogancen.

Hvis man ikke trækker den syndefulde natur op med rod, vil den syndige egenskab komme til syne under ekstreme forhold. Man vil måske blive skuffet, når man indset, at man stadig har de usande karaktertræk i sig, som man troede, at man havde skillet sig af med. Så bliver man måske mismodig og tænker: "Jeg har forsøgt at skille mig af med det af alle kræfter, men det er der alligevel."

Man kan finde forskellige former for usandhed i sig, indtil man trække den syndefulde naturs oprindelige rod op. Men det betyder ikke, at man ikke gør fremskridt rent åndeligt. Når man piller et løg, vil det se ud som om, de samme lag kommer frem igen og igen. Men når man bliver ved uden at stoppe, vil løget i sidste ende forsvinde. Det samme gælder for den syndefulde natur. Man skal ikke miste modet, bare fordi man ikke har skillet sig helt af med den endnu. Man må være tålmodig indtil det sidste og blive ved med at forsøge af al kraft, mens man glæder sig til, at det skal lykkes.

Nogle mennesker mister modet, hvis de ikke får materielle velsignelser straks efter at de begynder at handle ved Guds ord. De tror, at de ikke får noget til gengæld, men kun oplever tab, når de handler i godhed. Nogle mennesker beklager sig ligefrem over, at de ikke får nogen velsignelser, selv om de flittigt går i kirke. De har naturligvis ikke nogen grund til at beklage sig. Det er nemlig sådan, at de endnu ikke kan få Guds velsignelser, fordi de stadig praktiserer usandheden og ikke har gjort sig fri for de ting, som Gud siger, vi skal skille os af med.

Det, at de beklager sig, er i sig selv bevis for, at fokusset i deres tro er forkert. Man bliver ikke træt af at handle i godhed og sandhed med tro. Jo mere man handler i godhed, jo større glæde oplever man, og så begynder man at længes efter godheden. Når man bliver hellig ved troen på denne måde, vil sjælen trives, alt vil gå godt og man vil være sund og rask.

Den anden form for tålmodighed er mellem mennesker.

Når man omgås mennesker, som har en meget anderledes personlighed og baggrund, kan der opstå vanskelige situationer. En menighed er et sted, hvor folk med vidt forskellige baggrunde mødes. Så der kan være forskellige holdninger om alt fra små detaljer til store alvorlige spørgsmål, og det kan ødelægge freden.

Så kan folk måske sige: "Han tænker på en måde, der er helt anderledes end min. Det er svært for mig at samarbejde med ham, for vi er vidt forskellige." Men selv om der er tale om ægtepar, hvor mange mennesker oplever så, at personlighederne matcher fuldkommen? Der kan være forskel på livsstil og vaner, og man må tilpasse sig hinanden for at være til gensidig glæde og gavn.

De mennesker, som længes efter helligelse, vil være tålmodige i enhver situation og overfor alle mennesker, sådan at freden opretholdes. Selv i vanskelige og ubehagelige situationer vil de forsøger at tilpasse sig andre. De vil altid forstå andre af at godt hjerte og bære over, mens de søger andres bedste. Selv om andre handler med ondskab, vil de bare bære over med dem. De vil gøre gengæld for ondskaben med godhed.

Vi skal også være tålmodige, når vi forkynder eller rådgiver sjælene, eller når vi træner kirkens medarbejdere til at øge Guds rige. Under mit virke som pastor ser jeg mennesker, som forandrer sig meget langsomt. De har omgang med verden og vanærer Gud, og jeg fælder mange tårer i sorg for dem, men jeg opgiver aldrig håbet for dem. Jeg bærer altid over med dem, for jeg har håb om, at de en dag vil forandre sig.

Når jeg uddanner medarbejdere i kirken, skal jeg være tålmodig i lang tid. Jeg kan ikke bare styre alle de underordnede og tvinge dem til at gøre det, jeg synes. Selv om jeg ved, at tingene vil blive gennemført lidt langsommere, kan jeg ikke bare tage arbejdet fra dem og sige: "Du er ikke dygtig nok. Du er fyret." Så jeg bærer over med dem og vejleder dem, indtil de bliver dygtige. Jeg venter på dem i fem, ti eller femten år, sådan at de kan opnå evnen til at fuldføre deres pligter gennem åndelig træning.

Ikke alene når de ikke bærer nogen frugt, men også når de gør tingene forkert, bærer jeg over med dem, sådan at de ikke skal bringes til fald. Det vil måske være nemmere, hvis et andet menneske, som allerede har evnerne, gør arbejdet for dem, eller hvis de bliver udskiftet med nogen, der er dygtigere. Men jeg holder ud indtil det sidste med hver af dem. Det gør jeg for at opnå Guds rige fuldt ud.

Hvis man på denne måde sår tålmodigheden, vil man helt sikkert få dens frugt i overensstemmelse med Guds retfærdighed. Hvis man for eksempel bærer over med sjælene, indtil de forandrer sig, og beder for dem med tårer, så vil man få et hjerte, der er stort nok til at rumme dem alle. Og så vil man få magt og kraft til at vække mange sjæle. Man vil opnå kraft til at forandre de sjæle, man rummer i sit hjerte, gennem det retfærdige menneskes bøn. Og hvis man sår udholdenhedens sæd selv under falske beskyldninger, vil Gud lade en høste velsignelsernes frugt.

Den tredje ting er tålmodighed i vores forhold til Gud.

Det henviser til, at man skal være tålmodig, indtil man opnår svar på sine bønner. I Markusevangeliet 11:24 står der: *"Derfor siger jeg jer: Alt, hvad I beder og bønfalder om, der skal I tro, at I har fået, og så får I det."* Vi kan tro på alle ord i Bibelens 66 bøger, hvis vi har tro. De er Guds løfter om, at vi vil få det, vi beder om, og derfor kan vi opnå hvad som helst med bøn.

Men det betyder naturligvis ikke, at vi bare kan bede og så lade være med at gøre noget. Vi skal udføre Guds ord på en måde som gør os i stand til at få hans svar. For eksempel kan en studerende, som har middelkarakterer, bede om at blive den dygtigste i klassen. Men når han er til undervisning, dagdrømmer han, og han studerer ikke. Vil det så være muligt for ham at blive en af de bedste i klassen? Nej, han skal studere flittigt, sådan at Gud kan hjælpe ham med at blive dygtig.

Det samme gælder i forretningsanliggender. Du beder måske oprigtigt om at din virksomhed skal trives, sådan at du kan få opfyldt dit mål om at få endnu et hus, investere i egendomme og have en luksusbil. Vil Gud så besvare dine bønner? Gud vil naturligvis gerne have, at hans børn skal leve i overflod, men han vil ikke være glad for en bøn om ting, der skal tilfredsstille grådighed. Hvis man derimod beder om velsignelser til at hjælpe de nødlidende og støtte missionsarbejdet, og man følger den rette vej uden at gøre noget ulovligt, vil Gud helt sikkert vise vejen til velsignelser.

I Bibelen er der mange løfter om, at Gud vil besvare sine børns bønner. Men i mange tilfælde får folk ikke nogen svar, fordi de ikke er tålmodige nok. Mennesker kan måske bede om et hurtigt svar, men Gud svarer, når tid er.

Gud vil svare på det mest passende tidspunkt, for han ved alt. Hvis emnet for bønnen er noget stort og vigtigt, kan han først svare, når kvoten af bønner er opfyldt. Da Daniel bad for at få åbenbaringer om åndelige emner, sendte Gud sin engel som svar på bønnen, så snart Daniel begyndte at bede. Men det tog 21 dage, før Daniel rent faktisk mødte englen. I de 21 dag blev Daniel ved med at bede med samme oprigtige hjerte, som da han startede. Hvis vi virkelig tror, at vi allerede har fået noget, vil det ikke være svært at vente på at få det. Vi vil bare tænke på hvor glade, vi vil være, når vi rent faktisk få løst vores problem.

Nogle troende kan ikke vente på at få det, de beder til Gud om. Måske både beder og faster de, men hvis svaret ikke kommer hurtigt nok, opgiver de og tror, at Gud ikke vil svare dem.

Hvis vi virkelig tror og beder, vil vi ikke miste modet eller give op. Vi ved ikke, hvornår svaret vil komme: I morgen, i aften, efter den næste bøn eller til næste år. Men Gud kender det perfekte tidspunkt til at give os svaret.

I Jakobsbrevet 1:6-8 står der: *"Men han skal bede i tro, uden at tvivle; for den, der tvivler, er som en bølge på havet, der rejses og brydes af vinden. Det menneske skal ikke bilde sig ind, at det får noget af Herren, tvesindet som det er og ustadigt i al sin færd."*

Det eneste, der betyder noget, er hvor fast vi tror, når vi beder. Hvis vi virkelig tror at vi allerede har fået svaret, kan vi være lykkelige og glade i enhver situation. Hvis vi har tro til at få svar, vil vi bede og handle med tro, indtil frugten ligger i vores hænder. Når vi har kvaler i hjertet eller bliver forfulgt, mens vi udfører Guds arbejde, kan vi desuden kun bære godhedens frugt gennem tålmodighed.

Trosfædrenes tålmodighed

Hvis man løber maraton, vil der være nogle vanskelige øjeblikke. Og glæden ved at afslutte løbet efter at have overvundet disse vanskelige øjeblikke vil være så stor, at den kun fuldt ud kan forstås af dem, der har oplevet det. Guds børn løber troens løb, og kan også komme ud for vanskeligheder fra tid til anden, men de kan overvinde alt ved at rette blikket mod Jesus Kristus. Gud vil give dem sin nåde og styrke, og Helligånden vil også hjælpe dem.

I Hebræerbrevet 12:1-2 står der: *"Så lad da også os, som har så stor en sky af vidner omkring os, frigøre os for enhver byrde og for synden, som så let omklamrer os, og holde ud i det løb, der ligger foran os, idet vi ser hen til Jesus, troens banebryder og fuldender, som for den glædes skyld, der ventede ham, udholdt korset uden at ænse dets skam og nu sidder på højre side af Guds trone."*

Jesus led under hån og modvilje fra menneskene, indtil han fuldførte forsynet for frelsen. Men da han vidste, at han ville sidde ved højre side af Guds trone, og at hele menneskeheden ville blive frelst, holdt han ud til det sidste uden at tænke på den fysiske skam. Han døde på korset og tog menneskehedens synder, men han genopstod trods alt på tredjedagen for at åbne frelsens vej. Gud indsatte Jesus som kongernes Konge og herrernes Herre, for han adlød indtil døden med kærlighed og tro.

Jakob var Abrahams barnebarn og han blev fader til hele nationen Israel. Han havde et vedholdende hjerte. Han tog sin bror Esaus fødselsret ved at snyde ham, og så flygtede han til Karan. Han fik Guds løfte i Betel.

I Første Mosebog 28:13-15 står der: *"Den jord, du ligger på, vil jeg give dig og dine efterkommere. Dine efterkommere skal blive som jordens støv, og du skal brede dig mod vest og øst, mod nord og syd. I dig og i dit afkom skal alle jordens slægter velsignes. Jeg vil være med dig og bevare dig overalt, hvor du går. Og jeg vil føre dig tilbage til dette land; jeg vil ikke svigte dig, men gøre, hvad jeg har lovet dig."* Jakob udholdt sine trængsler i 20 år, og blev derefter fader til alle israelitterne.

Josef var Jakobs ellevte søn, og han fik al farens kærlighed på bekostning af sine brødre. En dag blev han solgt som slave til Egypten af brødrene. Han blev slave i et fremmet land, men han mistede ikke modet. Han gjorde sit bedste i sit arbejde, og blev anerkendt af sin herre for sin trofasthed. Hans situation blev bedre, og han blev ansvarlig for hele sin herres husholdning, men han blev udsat for en falsk anklage og kom i politisk fængsel. Det var den ene prøvelse efter den anden.

Naturligvis var det alt sammen trin i Guds nåde i den proces at forberede ham på at være statsminister i Egypten. Men det var der ingen, der vidste, ud over Gud. Josef blev dog ikke mismodig, selv da han var i fængsel, for han havde tro og stolede på det løfte, som Gud havde givet ham i hans barndom. Han stolede på, at Gud ville opfylde hans drøm, hvor solen og månen og elleve stjerner på himlen bukkede dybt for ham, og han lod sig ikke rokke under nogen omstændigheder. Han stolede fuldkommen på Gud, så han holdt ud under alle forhold og fulgte den rette vej i overensstemmelse med Guds ord. Hans tro var sand.

Hvad hvis man selv havde været i samme situation? Kan man overhovedet forestille sig, hvad han følte i de 13 år der gik, efter han blev solgt som slave? Man ville formodentlig bede til Gud for at komme ud af denne situation. Og man ville nok ransage sig selv og angre alle de synder, man overhovedet kunne komme i tanker om, for at få Guds svar. Man ville bede om Guds nåde med andre tårer og oprigtige ord. Og hvis man ikke fik noget svar i et år, to år eller ligefrem ti år, men kun blev udsat for endnu vanskeligere situationer, hvad ville man så føle?

Josef var i fængsel de mest energiske år af sit liv, og han ville have været elendig, efterhånden som han så dagene gå, hvis ikke han havde haft sin tro. Hvis han havde tænkt på det gode liv han havde i sin fars hus, ville han have været endnu mere elendig. Men Josef satte altid sin lid til Gud, som holdt øje med ham, og han stolede fast på, at Gud i sin kærlighed ville give ham det bedste, når tiden var inde. Han mistede aldrig håbet under de deprimerende trængsler, men handlede med tålmodig trofasthed og godhed indtil hans drøm til sidst gik i opfyldelse.

David blev også anerkendt af Gud som et menneske efter Guds hjerte. Men selv efter han var blevet salvet som konge, måtte han gennemgå mange trængsler, inklusiv at blive jaget af kong Saul. Han var ofte tæt på at dø. Men da han udholdt alle disse vanskeligheder med tro, blev han en stor konge, som regerede over hele Israel.

I Jakobsbrevet 1:3-4 står der: *"I ved jo, at når jeres tro prøves, skaber det udholdenhed. Og udholdenhed skal føre til fuldendt værk, for at I kan være fuldkomne og helstøbte og ikke stå tilbare i noget."* Jeg tilskynder jer til at kultivere denne tålmodighed fuldt ud. Tålmodigheden vil øge jeres tro og gøre jeres hjerte større, sådan at I blive mere modne. I vil opleve velsignelser og få de svar, som Gud har lovet jer, hvis I opnår en fuldkommen tålmodighed (Hebræerbrevet 10:36).

Tålmodighed til at komme i himmeriget

Vi har brug for tålmodighed for at komme i himmeriget. Nogle siger, at de vil nyde verden, mens de er unge, og derefter begynde at gå i kirke, når de blive gamle. Andre fører et flittigt liv i troen i håb om Herrens genkomst, men de mister tålmodigheden og skifter mening. Når Herren ikke kommer så hurtigt, som de havde regnet med, synes de, at det er for svært at blive ved med at være flittig i troen. De siger, at de vil tage en pause i omskæringen af deres hjerter og med hensyn til at udføre Guds gerning, og når de ser tegnene på, at Herrens genkomst er nær, vil de igen anstrenge sig.

Men ingen ved, hvornår Gud vil kalde vores ånd, eller hvornår Herren vil komme. Selv om vi kunne kende tidspunktet på forhånd, kan vi ikke bare have det mål af tro, vi selv vil. Mennesket kan ikke bare opnå åndelig tro efter forgodtbefindende. Den gives kun ved Guds nåde. Den fjendtlige djævel og Satan vil ikke bare lade dem blive frelst uden videre. Så hvis man har håb om at komme i Ny Jerusalem i Himlen, skal man gøre alt med tålmodighed.

I Salmernes Bog 126:5-6 står der: *"De, der sår under tårer, skal høste med jubel. Grædende går han ud, mens han bærer såsæden; med jubel vender han hjem, mens han bærer sine neg."* Der skal ofres mange anstrengelser, tårer og sorg, mens vi sår sæden og passer den. Til tider kommer den nødvendige regn ikke, eller afgrøderne kan blive skadet af orkaner eller voldsomt nedbør. Men i sidste ende vil vi helt sikkert juble over en rigelig høst i overensstemmelse med retfærdighedens regler.

Gud venter i tusind år som var det én dag for at få sande børn, og han har båret smerten ved at give os sin enbårne søn. Herren udholdt korsets lidelser, og Helligånden holder ud med uudsigelige sukke under den menneskelige kultivering. Jeg håber, I vil kultivere en fuldkommen, åndelig tålmodighed og ihukomme Guds kærlighed, sådan at I vil få velsignelsens frugt både på denne jord og i Himlen.

Alt Dette Er Loven Ikke Imod

Lukasevangeliet 6:36

"Vær barmhjertige,

som jeres fader er barmhjertig."

Kapitel 6

Venlighed

Forstå og tilgiv andre med venlighedens frugt
Behovet for at have Herrens hjerte og gerninger
At skille sig af med fordommene for at være venlig
Barmhjertighed med dem, der har det svært
Vær ikke hurtig til at påpege andres mangler
Vær gavmild overfor alle
Giv andre æren

Venlighed

Nogle gange siger folk, at de ikke kan forstå et bestemt menneske, selv om de forsøger på det, eller at de ikke er i stand til at tilgive en særlig person, selv om de prøver. Men hvis vi bærer venlighedens frugt i vores hjerter, er der ikke noget, vi ikke kan forstå og ikke nogen, vi ikke kan tilgive. Vi vil være i stand til at forstå alle mennesker med godhed og acceptere alle mennesker med kærlighed. Vi vil ikke sige, at vi kan lide et bestemt menneske på grund af noget særligt eller at vi ikke bryder os om en anden. For der vil ikke være nogen, som vi ikke bryder os om. Vi vil ikke have dårlige forhold til nogen eller bærer nag, og vi vil slet ikke have nogen fjender.

Forstå og tilgiv andre med venlighedens frugt

Venlighed er den kvalitet eller tilstand at være venlig. Men den åndelige betydning af venlighed er lidt tættere på barmhjertighed. Og den åndelige betydning af barmhjertighed er at forstå i sandhed selv dem, som ikke kan forstås af mennesker. Det er også det hjerte, som er i stand til at tilgive i sandhed selv dem, som ikke kan tilgives af mennesker. Gud viser medfølelse med menneskeheden på grund af sit barmhjertige hjerte.

I Salmernes Bog 130:3 står der: *"Hvis du, Herre, vogtede på skyld, hvem kunne da bestå, Herre?"* Som der står: Hvis Gud ikke havde barmhjertighed, men dømte os i overensstemmelse med retfærdigheden, ville ingen være i stand til at bestå. Men Gud tilgiver og accepterer selv de mennesker, som hverken kan tilgives eller accepteres ifølge loven. Desuden gav Gud sin enbårne søns liv for at frelse menneskene fra den evige død. Da vi er blevet

Guds børn ved at tro på Herren, ønsker Gud, at vi skal kultivere dette barmhjertige hjerte. Derfor siger Gud i Lukasevangeliet 6:36: *"Vær barmhjertige, som jeres fader er barmhjertig."*

Denne barmhjertighed minder om kærlighed, men er også anderledes på forskellige måder. Åndelig kærlighed er at være i stand til at ofre sig selv for andre uden at forvente gengæld, mens barmhjertighed er mere i retning af tilgivelse og accept. Det er at være i stand til at acceptere og favne andre mennesker i deres helhed, og ikke misforstå eller hade dem, selv om de ikke er værdige til at blive elsket. Man skal ikke hade eller undgå andre mennesker, bare fordi deres meninger adskiller sig fra ens egne, men i stedet styrke og trøste dem. Hvis man tager imod andre med et varmt hjerte, vil man ikke afsløre deres overtrædelser og mangler, men dække over dem og acceptere dem, sådan at man kan have et smukt forhold til dem.

Der var en hændelse, hvor åbenbarede dette barmhjertige hjerte på levende vis. En dag, hvor Jesus havde bedt hele natten ved Olivenbjerget, kom han til tempelet om morgenen. Mange mennesker samlede sig omkring ham, da han satte sig, og der var stor opstandelse, da han prædikede Guds ord. Der var nogle skriftkloge og farisæere i menneskemængden, som bragte en kvinde frem for Jesus. Hun skælvede af frygt.

De fortalte Jesus, at kvinden var blevet taget i ægteskabsbrud, og spurgte ham, hvad de skulle gøre med hende, idet der stod i Loven, at en sådan kvinde måtte stenes til døde. Hvis Jesus sagde, at de skulle stene hende, ville det stå i modstrid med hans egen lærer om at elske sine fjender. Men hvis han sagde, at de skulle tilgive hende, ville det være et brud på Loven. Det lod til at Jesus var i en vanskelig situation. Men han skrev bare noget på jorden med fingeren og svarede, som der står i Johannesevangeliet 8:7: *"Den af jer, der er uden synd, skal kaste den første sten på hende."* Folk fik samvittighedskvaler og forlod stedet en efter en. Til sidst var kun Jesus og kvinden tilbage.

I Johannesevangeliet 8:11 siger Jesus til hende: *"Heller ikke jeg fordømmer dig. Gå, og synd fra nu af ikke mere."* Sætningen "Heller ikke jeg fordømmer dig" betød at han tilgav hende. Jesus tilgav en kvinde, som ikke kunne tilgives, og gav hende muligheden for at omvende sig fra sine synder. Dette er at have et barmhjertigt hjerte.

Behovet for at have Herrens hjerte og gerninger

Barmhjertighed er i sandhed at kunne tilgive og elsker selv sine fjender. Vi skal acceptere og favne alle, på samme måde som en moder drager omsorg for sit nyfødte barn. Selv når folk har store fejl eller har begået alvorlige synder, skal vi have medlidenhed med dem i stedet for at dømme og fordømme dem. Vi skal hade synden, men ikke synderen; vi skal forstå dette menneske og forsøge at give ham liv.

Lad os forestille os et barn med et skrøbeligt helbred, som ofte bliver sygt. Hvordan vil moren have det med dette barn? Hun ville ikke spekulere over, hvorfor han var så vanskelig og gav hende så mange problemer. Hun ville ikke udvise had mod barnet på grund af sygdommen. I stedet ville hun vise endnu større kærlighed og medfølelse overfor ham, end overfor andre børn.

Der var engang en mor, hvis søn var mentalt retarderet. Da han var omkring 20 år gammel, var hans mentale udvikling som en to-årigs, og moren kunne ikke lade ham være alene. Ikke desto mindre tænkte hun aldrig, at det var vanskeligt at passe ham. Hun havde kun sympati og medfølelse overfor sin søn, mens hun passede ham. Hvis vi på denne måde bærer barmhjertighedens frugt fuldt ud, vil vi ikke kun have medlidenhed med vores egne børn, men også med alle andre.

Jesus prædikede budskabet om himmeriget under sit offentlige virke. Størstedelen af hans tilhørere var hverken rige eller magtfulde, men i stedet fattige og udstødte, eller dem som blev anset for at være syndere af andre mennesker såsom tolderne og skøgerne.

Det samme gjaldt når Jesus valgte sine disciple. Man kan måske synes, at det ville have været det klogeste at vælge disciple mellem de mennesker, som havde et grundigt kendskab til Guds lov, fordi det ville være lettere at lære dem Guds ord. Men Jesus valgte ikke sådanne mennesker. I stedet valgte han Matthæus, som var tolder, og Peter, Andreas, Jakob og Johannes, der var fiskere.

Jesus helbredte også forskellige sygdomme. En dag helbredte han et menneske, som havde været syg i 38 år, og som ventede på at vandet i dammen i Betesda skulle blive bragt i oprør. Han levede i smerte og havde ikke noget håb, men ingen tog sig af ham. Alligevel kom Jesus til ham og spurgte: "Vil du være rask?" Derefter helbredte han ham.

Jesus helbredte også en kvinde, som havde blødt i 12 år. Og han åbnede den blinde tigger Bartimæus' øjne (Matthæusevangeliet 9:20-22; Markusevangeliet 10:46-52). På vej til en by ved navn

Nain så han en enke, hvis eneste søn var død. Han fik medlidenhed med hende og genoplivede sønnen (Lukasevangeliet 7:11-15). Desuden tog han sig af dem, som var undertrykt. Han blev venner med de udstødte såsom tolderne og synderne.

Visse personer kritiserede ham for at spise sammen med synderne og sagde: *"Hvorfor spiser jeres mester sammen med toldere og syndere?"* (Matthæusevangeliet 9:11). Men da Jesus hørte det, sagde han: *"De raske har ikke brug for læge, det har de syge. Gå hen og lær, hvad det vil sige: "Barmhjertighed ønsker jeg, ikke slagtoffer." Jeg er ikke kommet for at kalde de retfærdige, men syndere"* (Matthæusevangeliet 9:12-13). Han lærte os at have et medfølende og barmhjertigt hjerte overfor synderne og de syge.

Jesus kom ikke for de rige og retfærdige, men for de fattige, de syge og synderne. Vi kan hurtigt bære barmhjertighedens frugt, hvis vi efterligner Jesu hjerte og gerninger. Lad os nu se nærmere på, hvad vi særligt skal gøre for at bære barmhjertighedens frugt.

At skille sig af med fordommene for at være venlig

Verdslige mennesker dømmer ofte andre på deres fremtoning. Deres indstilling overfor andre mennesker forandrer sig alt efter, om de opfatter dem som rige og berømte eller ej. Guds børn må ikke dømme folk på deres udseende eller forandre deres indstilling på grund af fremtoning. Vi skal anse selv små børn og andre, som er mindreværdige, for at være bedre end os selv, og vi skal tjene dem med Herrens hjerte.

I Jakobsbrevet 2:1-4 står der: *"Mine brødre, I kan ikke tro på var herre Jesus Kristus, den herliggjorte, og så gøre forskel på folk. For hvis der kommer en mand ind i jeres forsamling iført en fornem dragt og med guldring på fingeren, og der så også kommer en fattig mand ind i snavset tøj, og I kun har øje for ham, der bærer den fornemme dragt, og siger: "Vær så god, her sidder du godt", men siger til den fattige: "Du kan stå der eller sætte dig her på gulvet," er I så ikke i modstrid med jer selv og har opkastet jer til dommere med onde tanker?"*

Desuden står der i Første Petersbrev 1:17: *"Og når I påkalder ham som fader, der uden at gøre forskel på folk dømmer enhver efter hans gerning, skal I leve i gudsfrygt, så længe I er udlændinge her."*

Hvis vi bærer barmhjertighedens frugt, vil vi ikke dømme eller fordømme andre på grund af deres udseende. Vi bør altid undersøge, om vi har fordomme eller forskelsbehandler i åndelig forstand. Der er nogle mennesker, som er langsomme til at forstå åndelige anliggender. Andre har kropslige eller psykiske mangler, så de kan sige eller gøre nogle ting, som ikke passer ind i sammenhængen. Endnu andre handler på en måde, som ikke er i overensstemmelse med Herrens veje.

Bliver du frustreret når du ser eller omgås disse mennesker? Har du nogle gange set ned på den eller i nogen grad forsøgt at undgå dem? Har du gjort andre mennesker flove med aggressive ord eller en uhøflig væremåde?

Der er nogen mennesker, som taler om andre og fordømmer dem, som om de var dommere, der skulle fælde dom over synderne. Da kvinden, som have begået ægteskabsbrud, blev bragt frem for Jesus, var der mange mennesker, som betragtede hende med dom og fordømmelse. Men Jesus fordømte hende ikke. Han gav hende i stedet en mulighed for at blive frelst. Hvis man har et barmhjertigt hjerte, vil man have medfølelse med dem, som bliver straffet for deres synder, og man vil håbe, at de overvinder dem.

Barmhjertighed med dem, der har det svært

Hvis vi er barmhjertige, vil vi have medfølelser med dem, som er i vanskeligheder, og vi vil nyde at hjælpe dem. Vi vil ikke nøjes med at have ondt af dem og sige: "Fat mod og vær stærk!" Vi vil rent faktisk også hjælpe dem på en eller anden måde.

I Første Johannesbrev 3:17-18 står der: *"Den, der har jordisk gods og ser sin broder lide nød, men lukker sit hjerte for ham – hvorledes kan Guds kærlighed blive i ham? Kære børn, lad os ikke elske med ord eller tunge, men i gerning og sandhed."* Og i Jakobsbrevet 2:15-16 står der: *"Hvis en broder eller søster ikke har tøj at tage på og mangler det daglige brød, og en af jer så siger til dem: "Gå bort med fred, sørg for at klæde jer varmt på og spise godt," men ikke giver dem, hvad legemet har brug for, hvad nytter det så?"*

Man bør ikke tænke: "Det er en skam, at han er sulten, men jeg kan ikke rigtig gøre noget ved det, for jeg har kun lige nok til mig selv." Hvis man virkelig har ondt af ham af et sandt hjerte, kan man dele med ham eller endda give ham ens egen portion. Hvis nogen tror, at de ikke har mulighed for at hjælpe andre mennesker, så er det helt usandsynligt, at de vil give sig til at hjælpe, selv om de bliver rige.

Det gælder ikke kun de materielle ting. Når man ser nogen, som lider under et eller andet problem, skal man forsøge at hjælpe vedkommende eller bære smerterne sammen med ham. Dette er barmhjertighed. Man bør særligt tage sig af de mennesker, som er på vej i Helvede, for de tror ikke på Herren. Man bør gøre sit bedste for at føre dem ind på vejen til frelse.

I Manmin Centralkirke er der siden åbningen sket mange store gerninger ved Guds kraft. Men jeg beder alligevel for endnu større kraft og helliger mig den opgave at manifestere kraften. Det skyldes, at jeg selv har lidt under fattigdom, og jeg har i høj grad oplevet den smerte at miste håbet på grund af sygdom. Når jeg ser mennesker, som lider under disse problemer, føler jeg deres smerte, som var det min egen, og jeg ønsker at hjælpe dem så godt, jeg kan.

Jeg vil gerne løse deres problemer og frelse dem fra Helvedets straf, sådan at de kan komme i Himlen. Men hvordan kan jeg alene hjælpe så mange mennesker? Svaret på dette spørgsmål er Guds kraft. Selv om jeg ikke kan løse alle problemerne i form af fattigdom, sygdom og meget andet, så kan jeg hjælpe alle disse mennesker med at møde og opleve Gud. Derfor forsøger jeg at manifestere Guds store kraft, sådan at stadig flere mennesker kan opleve Gud.

Det fuldfører selvfølgelig ikke frelsens proces at Guds kraft udvises. Selv om folk får tro ved at se kraften, må vi drage hånd om dem fysisk og åndeligt, indtil de står på fast grund i troen. Derfor har jeg gjort mit bedste for at hjælpe de nødlidende, selv når vores kirke har haft økonomiske vanskeligheder. Dermed kan de selv gå mod Himlen med større styrke. I Ordsprogenes Bog 19:17 står der: *"Den, der forbarmer sig over den svage, giver et lån til Herren, og Herren gengælder ham hans gerning."* Hvis man tager hånd om sjælene med Herrens hjerte, vil Gud helt bestemt gøre gengæld med sine velsignelser.

Vær ikke hurtig til at påpege andres mangler

Hvis vi elsker nogen, vil vi til tider give dem et råd eller en irettesættelse. Hvis forældre ikke skælder ud på deres børn, men tilgiver alt til enhver tid, bare fordi de elsker dem, så vil børnene blive forkælede. Men hvis vi har barmhjertighed, er det ikke let for os at straffe, irettesætte eller påpege andres mangler. Når vi giver råd, vil vi gøre det med en indre bøn og med omsorg for vedkommendes hjerte. I Ordsprogenes Bog 12:18 står der: *"Uoverlagt tale er som sværdstik, vises tunge er lægedom."* Især pastorer og ledere, som underviser de troende, må holde disse ord i hu.

Det er let at sige: "Du har stadig usandhed i hjertet, og det behager ikke Gud. Du har de og de mangler, og af den grund er du ikke elsket af andre." Selv om det, man siger, er sandt, giver det ikke liv, hvis man påpeger andres mangler med selvretfærdighed eller tankebygninger uden kærlighed. Andre mennesker vil ikke forandre sig som resultat af dette råd, men vil i stedet få såret deres følelser, blive mismodige og miste deres styrke.

Til tider er der nogle af kirkens medlemmer, som beder mig om at påpege deres mangler, sådan at de kan indse dem og forandre sig. De siger, at de ønsker at kende deres mangler og forandre sig. Men hvis jeg meget forsigtigt forsøger at sige dem noget, stopper de mig for at forklare deres eget synspunkt, så det er vanskeligt for mig at rådgive dem. Det er ikke let at give råd. Måske tager de imod det med tak i det øjeblik, men hvis de mister Åndens fylde, er det ikke til at sige, hvad der vil ske i deres hjerter.

Det sker, at jeg er nødt til at påpege visse ting for at opnå Guds rige eller for at lade folk få løsninger på deres problemer. Jeg betrager reaktionen i deres ansigter med en indre bøn, og håber at de ikke vil blive fornærmede eller miste modet.

Da Jesus irettesatte farisæerne og de skriftkloge med stærke ord, var de naturligvis ikke i stand til at tage hans råd til sig. Jesus gav dem en chance i håb om at bare én af dem ville lytte til ham og angre. Og da de underviste andre mennesker ville Jesus, at folket skulle have indsigt og ikke lade sig narre af denne hypokrati. Men bortset fra disse særlige tilfælde, bør man ikke tale på en måde, som kan såre andres følelser eller afsløre deres overtrædelser, sådan at de bringes til fald. Når man giver råd, fordi det er absolut nødvendigt, skal man gøre det med kærlighed og tænke over andres synspunkter med omsorg for sjælen.

Vær gavmild overfor alle

De fleste mennesker kan i nogen grad være gavmilde overfor dem, de elsker. Selv de mennesker, som er nærige, kan låne noget ud eller give en gave til andre, hvis de ved, at de vil få noget igen. I Lukasevangeliet 6:32 står der: *"Hvis I kun elsker dem, der elsker jer, hvad tak fortjener I for det? Også syndere elsker jo dem, de selv bliver elsket af."* Vi kan bære barmhjertigheden frugt, når vi giver af egen drift uden at forvente nogen form for gengæld.

Jesus vidste fra begyndelse, at Judas ville bedrage ham, men han behandlede ham på samme måde som de andre disciple. Han gav ham mulighed for at angre igen og igen. Selv da Jesus blev korsfæstet, bad han for de mennesker, som korsfæstede ham. I Lukasevangeliet 23:34 står der: *"Fader, tilgiv dem, for de ved ikke, hvad de gør."* Med denne barmhjertighed kan vi tilgive selv de mennesker, som det ikke er muligt at tilgive.

I Apostlenes Gerninger kan vi se Stefanus, som også bar barmhjertighedens frugt. Han var ikke apostel, men var fyldt med Guds nåde og magt. Store tegn og undere fandt sted gennem ham. De mennesker, som ikke brød sig om ham, forsøgte at argumentere med ham, men da han svarede med Guds visdom i Helligånden, kunne de ikke finde modargumenter. De folk, der så ham, syntes, at hans ansigt var ligesom en engels (Apostlenes Gerninger 6:15).

Jøderne fik samvittighedskvaler ved at lytte til Stefanus' prædikener, og til sidst tog de ham ud af byen og stenede ham til døde. Selv mens det stod på, bad han for de mennesker, som smed sten på ham og sagde: *"Herre, tilregn dem ikke denne synd!"* (Apostlenes Gerninger 7:60). Dette viser os, at han allerede havde tilgivet dem. Han følte ikke noget had overfor dem, men bar barmhjertighedens frugt og havde medlidenhed med dem. Stefanus var i stand til at manifestere store gerninger med dette gode hjerte.

I hvor høj grad har du selv kultiveret dette hjerte? Er der stadig nogen mennesker, du ikke bryder dig om, eller nogen, som du har et vanskeligt forhold til? Man skal være i stand til at acceptere og favne andre mennesker, selv om deres karakter eller deres holdninger er meget fjernt fra ens egne. Man skal først se tingene fra den andens synspunkt. Så kan man forandre sine negative følelser overfor dette menneske.

Hvis man bare tænker: "Hvorfor i alverden gør han det? Det kan jeg ikke forstå," så vil man kun have negative følelser og opleve ubehag, når man ser vedkommende. Men hvis man er i stand til at tænke: "Nå ja, hvis han ser tingene sådan vil han handle på denne måde," så kan man forandre sine negative følelser. Og så vil man i stedet have barmhjertighed med det menneske, som ikke kan lade være med at gøre, hvad han gør, og bede for ham.

Når man forandrer sin tænkemåde og sine følelser på denne måde, kan man skille sig af med hadet og de andre onde følelser en efter en. Hvis man bliver ved med at insisterer på sin egen stædighed, kan man ikke acceptere andre. Man kan heller ikke skille sig af med hadet eller naget. Så man bør skille sig af med sin selvretfærdighed og forandre sine tanker og følelser, sådan at man kan acceptere og tjene alle andre mennesker.

Giv andre æren

For at kunne bære barmhjertighedens frugt skal vi give andre æren, når noget går godt, og vi skal påtage os skylden, når noget går galt. Når andre mennesker får anerkendelse og ære for noget, vi har gjort sammen med dem, skal vi fryde os på deres vegne. Man vil ikke opleve noget ubehag og tænke, at man selv har gjort arbejdet, eller at den, der bliver rost, er fuld af fejl. I stedet vil man være taknemmelig og tænke, at vedkommende vil opnå større sikkerhed og arbejde hårdere for at opnå endnu mere ros.

Hvis en mor gør noget sammen med sit barn, og kun barnet får ros, hvad vil moderes så føle? Der burde ikke være nogen mødre, som ville beklage sig og sige, at de havde hjulpet barnet med opgaven, så hvorfor får de ikke nogen ros. Og selv om en mor godt kan lide at andre siger, hun er smuk, så vil hun blive mere stolt over at folk siger, hendes datter er smuk.

Hvis vi bærer barmhjertighedens frugt, kan vi let sætte andre før os selv og give dem æren for noget. Og vi vil glæde os sammen med dem, som om rosen gjaldt os selv. Barmhjertighed er karakteristisk for Gud Fader, som er fuld af medfølelse og kærlighed. Ikke alene barmhjertighed, men også Helligåndens andre frugter rummer essensen af den fuldkomne Gud. Kærlighed, glæde, fred, tålmodighed og alle de andre frugter udgør forskellige aspekter af Guds hjerte.

At bære Helligåndens frugter betyder derfor, at vi stræber efter at have Guds hjerte i os og at være fuldkomne, ligesom Gud er fuldkommen. Jo mere de åndelige frugter modner i os, jo mere elskelige bliver vi, og Gud vil ikke være i stand til at tilbageholde sin kærlighed til os. Han vil glæde sig over, at vi kalder os for hans sønner og døtre, og at vi efterligner ham. Hvis vi bliver Guds børn, som behager ham, kan vi få hvad som helst, vi beder om. Gud vil se og besvare selv de ønsker, som ligger dybest i vores hjerter. Jeg håber, I alle vil bære Helligåndens frugter fuldt ud og behage Gud i alle forhold, sådan at I vil få en overflod af velsignelser og blive æret i himmeriget som Guds børn, der ligner ham fuldkommen.

Alt Dette Er Loven Ikke Imod

Filipperbrevet 2:5

"I skal have det sind overfor hinanden,

som var i Jesus Kristus."

Kapitel 7

Godhed

Godhedens frugt
At søge godheden i overensstemmelse med Helligåndens ønsker
Vælg godheden til enhver tid ligesom den gode samaritaner
Man må ikke skændes og prale under nogen omstændigheder
Sønderbryd ikke det knækkede rør og sluk ikke den osende væge
Kraft til i sandhed at søge godheden

Godhed

En aften kom en ung mand med sjusket tøj hen for at se et ældre ægtepar angående et værelse, der var til leje. Ægteparret fik ondt af ham og lejede ham værelset. Men den unge mand tog ikke på arbejde, og brugte i stedet tiden på at drikke. De fleste mennesker ville i dette tilfælde have sat ham på gaden og tænkt, at han ikke ville være i stand til at betale huslejen. Men det ældre ægtepar gav ham ind imellem mad og opmuntrede ham, mens de prædikede budskabet for ham. Han blev rørt over deres kærlige gerninger, for de behandlede ham som om han var deres egen søn. Til sidst tog han imod Jesus Kristus og blev et helt nyt menneske.

Godhedens frugt

Det er godhed at elske selv de oversete og de socialt udstødte indtil det sidste uden at give op. Godhedens frugt bæres ikke kun i hjertet, men vises også i handling som i ovenstående eksempel med det ældre par.

Hvis vi bærer godhedens frugt vil vi udsende Kristi aroma over alt. Folk omkring os blive rørt over at se vores gode gerninger og de vil ære Gud.

"Godhed" er den kvalitet at være mild, hensynsfuld, venlig og dydig. I en åndelige betydning er der tale om at søge godhed i Helligånden, det vil sige at søge godheden i sandhed. Hvis vi fuldt ud bærer godhedens frugt, vil vi have Herrens hjerte, som er rent og pletfrit.

Til tider er der endda nogle ikke-troende, som ikke har fået Helligånden, der i nogen udstrækning søger godheden i deres liv. Verdslige mennesker skelner mellem det gode og det onde i overensstemmelse med deres samvittighed. Hvis disse verdslige mennesker ikke har samvittighedskvaler, kan de tro, at de er gode og retfærdige. Men folks samvittighed varierer fra person til person. Hvis vi vil forstå godhed som Helligåndens frugt, må vi først forstå folks samvittighed.

At søge godheden i overensstemmelse med Helligåndens ønsker

Nogle nye troende kan måske bedømme prædikenerne ud fra deres egen viden og samvittighed og sige: "Den bemærkning er ikke i overensstemmelse med de videnskabelige teorier." Men efterhånden som de vokser i troen og lærer Guds ord, indser de at standarten for deres vurderinger ikke er korrekt.

Samvittighed er den standart, vi bruger til at skelne mellem godt og ondt, og den er baseret på vores natur. Naturen afhænger af, hvilken form for livsenergi, man er født med, og hvilken slags miljø, man er opvokset i. Mennesker, som er opvokset i gode miljøer, og som har set og hørt gode ting, får sandsynligvis også gode samvittigheder. Hvis man omvendt er født med mange onde aspekter fra forældrene og desuden kommer i kontakt med mange onde ting, vil man sandsynligvis få en ond natur og samvittighed.

For eksempel vil de børn, som lærer at de skal være ærlige, få samvittighedskvaler, når de lyver. Men de børn, som vokser op blandt løgnere, vil synes, det er helt naturligt at lyve. De synes måske ikke engang, at de selv lyver. Hvis man tror, det er i orden at lyve, vil samvittigheden blive så besudlet af ondskab, at det ikke engang giver samvittighedskvaler.

Selv om børn bliver opdraget af de samme forældre i det samme miljø, vil de tage forskellige ting til sig. Nogle børn adlyder uden videre deres forældre, mens andre har en stærk vilje og tendens til ikke at adlyde. Så selv om søskende opdrages på samme måde, vil deres samvittighed blive dannet på forskellig vis. Samvittigheden formes forskelligt alt efter de sociale og økonomiske værdier under opvæksten. Forskellige samfund har hvert deres værdisystem, og den standart, der var gældende for 100 eller 50 år siden er anderledes end den, der gælder i dag. For eksempel var det tidligere almindeligt at have slaver, og folk syntes ikke, det var forkert at slå dem eller tvinge dem til at arbejde. Og for bare 30 år siden var det socialt uacceptabelt for kvinder at udstille deres kroppe i offentlige TV-udsendelser. Som nævnt dannes samvittigheden på forskellige vis alt efter individ, område og tid. De mennesker, som tror, de følger deres samvittighed, gør kun det, de selv tror, er det gode. Men det kan ikke siges, at de handler i fuldkommen godhed.

Men alle vi, som tror på Gud, går ud fra den samme standart, når vi skelner mellem godt og ondt. Vi har Guds ord som standart. Og det var det samme i går, som det er i dag, i morgen eller til evig tid. Åndelig godhed er at have denne sandhed som samvittighed og følge den. Det er viljen til at følge Helligåndens ønsker og søge godheden. Men bare for at vi har ønsket om at følge godheden, kan vi ikke sige, vi har båret godhedens frugt. Det kan vi først sige, når ønsket om at søge det gode bliver demonstreret og praktiseret i handling.

I Matthæusevangeliet 12:35 står der: *"Et godt menneske tager gode ting frem af sit gode forråd."* Og i Ordsprogenes Bog

22:11: *"Kongen elsker den rene af hjertet, indtagende tale får kongen til ven."* Som det fremgår af disse vers, vil de mennesker, som virkelig søger godheden, helt naturligt udrette gode gerninger, som kan ses udadtil. Hvor som helst de kommer og hvem de end møder, vil de udvise gavmildhed og kærlighed med gode ord og handlinger. Ligesom et menneske, som bruger parfume, vil udsende en god duft, vil de mennesker, som har godhed, udsende en duft af Kristus.

Nogle mennesker længes efter at kultivere et godt hjerte, så de opsøger åndelige mennesker og forsøger at opnå venskab med dem. De nyder at høre og lære om sandheden. De bliver let berørt og fælder mange tårer. Men de kan ikke kultivere et godt hjerte, bare fordi de længes efter det. Når de lærer noget, skal de kultivere det i deres hjerter og rent faktisk praktisere det. For hvis man kun kan lide at være sammen med gode mennesker og undgår dem, som ikke er gode, så er det vel ikke for alvor tale om længsel efter godheden?

Man kan også lære noget af selv de mennesker, som ikke rigtig er gode. Selv om man ikke lærer noget direkte af dem, så kan man uddrage en morale af deres liv. Hvis der er nogen, som har meget temperament, så kan man lære, at når man er sådan, så kommer man ofte i skænderier og diskussioner. På baggrund af denne observation kan man lære, at man ikke bør have sådan et temperament. Hvis man kun omgås de mennesker, som er gode, kan man ikke lære af de øvrige ting, man ser og hører. Der er altid noget, man kan lære af alle slags mennesker. Man kan måske tænke, at man længes efter godheden, og gerne vil lære og indse mange ting, men man skal ransage sig selv for at se, om man evt. mangler de faktiske gerninger, hvormed man samler til bunke af godhed.

Vælg godheden til enhver tid ligesom den gode samaritaner

Lad os fra nu af se nærmere på den åndelige godhed, som er at søge godheden i sandhed og i Helligånden. Rent faktisk er åndelig godhed et meget bredt begreb. Guds natur er godhed, og denne godhed er indlejret i Bibelen. Men vi kan særligt fornemme duften af godhed fra Filipperbrevet 2:1-4:

> *Hvis da trøst i Kristus betyder noget, hvis kærlig opmuntring, hvis Åndens fællesskab, hvis inderlig medfølelse betyder noget, så gør min glæde fuldstændig ved at have det samme sind, ved at have den samme kærlighed, med én sjæl og ét sind. Gør intet af selviskhed og heller ikke af indbildskhed, men sæt i ydmyghed andre højere end jer selv. Tænk ikke hver især på jeres eget, men tænk alle også på de andres vel.*

Et menneske, som har båret åndelig godhed, søger godhed i Herren, så han støtter op om selv de ting, han ikke er fuldkommen enig i. Et sådant menneske er ydmygt og ikke forfængeligt, så han søger ikke anerkendelse. Selv om andre ikke er så velstående eller intelligente som ham selv, respekterer han dem af hjertets grund og kan blive deres sande ven.

Og selv om andre giver ham vanskeligheder uden grund, accepterer han dem med kærlighed. Han tjener dem og ydmyger sig, sådan at han kan være i fred med alle. Han vil ikke kun trofast udføre sin pligt, men også tage sig af andre menneskers arbejder. I Lukasevangeliet kapitel 10 ser vi lignelsen om den gode samaritaner.

En mand blev berøvet under sin rejse mellem Jerusalem og Jeriko. Røverne trak tøjet af ham og slog ham, og så lod de ham ligge halvdød. En præst kom forbi og så, at han var ved at dø, men lod ham bare ligge. Det samme gjorde en levit, som kom til stedet. Præster og levitter har et godt kendskab til Guds ord og tjener Gud. De kender loven bedre end andre mennesker. Og de er stolte over at tjene Gud til fulde.

Men selv om de forsøgte at følge Guds vilje, udviste de ikke de gerninger, som de burde. De kunne naturligvis påstå, at de havde grunde til ikke at hjælpe manden. Men hvis de havde haft godhed, ville de ikke bare have ignoreret et menneske, som havde desperat brug for hjælp.

Senere kom en samaritaner fordi og så manden, som var blevet berøvet. Han fik medlidenhed med ham og forbandt hans sår. Så lagde han ham på ridedyret og tog ham med til et herberg, hvor han passede ham. Næste dag gav han værten i herberget to denarer og lovede, at han ville dække alle yderligere udgifter, når han kom tilbage.

Hvis samaritaneren havde været egoistisk, ville han ikke have haft nogen grund til at handle, som han gjorde. Han havde lige så travlt som alle andre, og han led tab af både tid og penge ved at tage sig af en fuldkommen fremmed. Eller han kunne have have givet ham førstehjælp, men undladt at bede værten i Herberget om at tage sig af ham og sige, at han ville betale de ekstra udgifter.

Men da han var et godt menneske, kunne han ikke bare ignorere en anden, som var ved at dø. Selv om han mistede både tid og penge, og selv om han havde travlt, kunne han ikke bare overse en person, som havde et desperate behov for hjælp. Og da han ikke selv kunne hjælpe dette menneske, bad han en anden om at gøre det for ham. Hvis denne samaritaner bare var gået forbi af personlige årsager, ville han helt sikkert have fået samvittighedskvaler fremover.

Han ville have ransaget og bebrejdet sig selv og tænkt: "Hvad skete der mon med den mand, som var sået? Jeg burde have frelst ham, selv om det havde givet mig tab. Gud betragtede mig, så hvordan kunne jeg bare gå forbi?" Åndelig godhed er kun at være i stand til at vælge godhedens vej. Selv om vi fornemmer, at nogen forsøger at snyde os, skal vi vælge godheden under alle omstændigheder.

Man må ikke skændes og prale under nogen omstændigheder

Et andet vers, som lader os mærke den åndelige godhed, er Matthæusevangeliet 12:19-20. I vers 19 står der: *"Han skændes ikke, han råber ikke, man hører ikke hans røst i gaderne."* Og i vers 20: *"Det knækkede rør sønderbryder han ikke, den osende væge slukker han ikke, til han har ført retten til sejr."*

Dette handler om Jesu åndelige godhed. Under sit virke havde han ikke nogen problemer og skændes ikke med nogen. Han havde siden sin barndom adlydt Guds ord, og under sit offentlige virke gjorde han kun gode ting, prædikede budskabet om himmeriget og helbredte de syge. Og alligevel testede de onde ham med deres ord i et forsøg på at dræbe ham.

Jesus gennemskuede hver gang deres onde intentioner, men hadede dem ikke. Han lod dem bare indse Guds sande vilje. Når de ikke var i stand til det, skændtes han ikke med dem, men undgik dem bare. Selv da han blev udspurgt før korsfæstelsen, skændes han ikke og diskuterede ikke.

Mens vi kommer gennem nybegynderstadiet i vores kristne tro, lærer vi i nogen grad Guds ord. Vi hæver ikke uden videre stemme eller udviser et hidsigt temperament på grund af uenigheder. Men det at skændes er ikke kun at hæve stemmen. Hvis vi har negative følelser på grund af uenighederne, er det et skændes. Vi kalder det at skændes, fordi freden i vores hjerte bliver brudt.

Når der er skænderi i hjertet, skaber det indre løgne. Det skyldes ikke, at der er nogen, der giver os problemer. Det er fordi, de ikke handler sådan, som vi mener, de bør. Vores hjerte er for snævert til at acceptere dem, og det skyldes, at vi har nogle tankebygninger, som bringer os på kollisionskurs med mange ting.

Et blødt stykke bomuld giver ikke nogen lyd, når det bliver ramt af et eller andet. Hvis vi ryster et glas med rent og klart vand, bliver vandet ved med at være rent og klart. Det samme gælder menneskets hjerte. Hvis freden brydes og ubehagelige følelser kommer frem under bestemte forhold, så skyldes det, at ondskaben stadig er til stede i vores hjerter.

Der står, at han ikke råbte. Men hvorfor råber folk? Det skyldes, at de gerne vil vise sig og prale. De råber, fordi de vil anerkendes og tjenes af andre mennesker.

Jesus manifesterede storslåede gerninger såsom at genoplive de døde og åbne de blindes øjne. Men han var stadig ydmyg. Desuden adlød han Guds vilje indtil døden, selv da folk hånede ham på korset, for han havde ikke nogen intentioner om at vise sig (Filipperbrevet 2:5-8). Der står også, at man ikke kunne høre hans røst i gaderne. Det fortæller os, at hans manerer var perfekte. Han var perfekt i hele sin væren, indstilling og talemåde. Hans ekstreme godhed, ydmyghed og åndelige kærlighed, som udsprang af hjertet, viste sig udadtil.

Hvis vi bærer frugten af åndelig godhed, vil vi ikke have nogen konflikter eller problemer med andre, ligesom Herren ikke havde nogen konflikter. Vi vil ikke tale om andre menneskers fejl eller mangler. Vi vil ikke forsøge at vise os eller ophøje os i forhold til andre. Og selv om vi lider under uretfærdigheder, vil vi ikke beklage os.

Sønderbryd ikke det knækkede rør og sluk ikke den osende væge

Når vi har træer eller planter, klipper vi som regel de knækkede blade og grene af. Og hvis en væge oser, er lyset ikke klart og der lugter måske grimt. Så folk slukker den. Men de mennesker, som har åndelig godhed, vil ikke "sønderbryde det knækkede rør eller slukke den osende væge." Hvis der er bare den mindste chance for at tingene kan udvikle sig godt, vil de ikke afskrive den, men i stedet forsøge at åbne vejen til livet.

Det "knækkede rør" henviser her til de mennesker, som er fulde af denne verdens ondskab og synder. Den osende væge symboliserer dem, hvis hjerte er så besudlet med ondskab, at lyset i deres sjæl er ved at dø ud. Det er helt usandsynligt at disse mennesker, som er knækkede rør og osende væger, vil tage imod

Herren. Selv om de tro på Gud, er deres gerninger ikke anderledes end de verdslige menneskers. De taler endda imod Helligånden eller modsætter sig Gud. På Jesu tid var der mange, som ikke troede på ham. Og selv om de så de forbløffende kraftfulde gerninger, modsatte de sig Helligåndens gerninger. Men Jesus så alligevel på dem med tro indtil det sidste og gav dem mange muligheder for at opnå frelse.

Nu om dage er der selv i kirkerne mange mennesker, som er ligesom knækkede rør og osende væger. De siger: "Herre, Herre" med deres læber, men lever alligevel i synd. Nogle af dem modsætter sig endda Gud. Med deres svage tro snubler de i fristelser og holder op med at komme i kirken. Hvis vi har godhed, vil vi strække vores hænder ud mod dem.

Nogle mennesker ønsker at blive elsket og anerkendt i kirken, men når det ikke sker, begynder deres ondskab at vise sig. De bliver jaloux på dem, som er elsket af kirkens medlemmer og dem, som oplever stor åndelig vækst, og taler ondt om dem. De samler sig ikke om en bestemt opgave, hvis ikke de selv har sat den i gang, og de forsøger at finde fejl ved andres projekter.

Selv i disse tilfælde vil de mennesker, som har godhedens åndelige frugt, acceptere dem, som lukker deres ondskab ud. De forsøger ikke at bedømme, hvem der har ret eller tager fejl, og hvad der er godt eller ondt. I stedet berører de andre menneskers hjerter ved at behandle dem med godhed og et sandfærdigt hjerte.

Nogle mennesker beder mig om at afsløre identiteten på de mennesket, som kommer i kirken med skjulte motiver. De siger, at derved vil kirkens medlemmer ikke blive narret og de pågældende mennesker vil holde op med at komme i kirken. Ja, kirken ville måske blive renere, hvis disse mennesker blev afsløret, men hvor ville det være pinligt for deres familiemedlemmer eller dem, som havde tager dem med i kirken! Hvis vi luger ud i kirkens medlemmer af forskellige motiver, vil der ikke være ret mange, som kan blive i kirken. Det er en af kirkens pligter at forandre selv de onde mennesker og at føre dem til himmeriget.

Der er naturligvis nogle mennesker, som bliver ved med at udvise en stadig stigende ondskab, og de vil falde ind på dødens vej, ligegyldigt hvor meget godhed, vi viser dem. Men selv i disse tilfælde skal vi ikke sætte en grænse for vores udholdenhed eller forsage dem, hvis de overskrider denne grænse. Det er åndelige godhed at forsøge at lade dem søge det åndelige liv til det sidste, uden at give op.

Hveden og avnerne ser ens ud, men avnerne er tomme inden i. Efter høsten vil bonden samle hveden i laden og brænde avnerne. Eller han vil bruge dem som gødning. Der er også både hvede og avner i kirken. Udadtil kan alle måske se ud som om, de er troende, men der er hvede, som adlyder Guds ord, og der er avner, som følger ondskaben.

Ligesom bonden venter til høst, venter kærlighedens Gud indtil det sidste på at de, som er ligesom hvede, skal forandre sig. Indtil den sidste dag kommer skal vi give alle muligheden for at blive frelst og betragte alle med troens øjne ved at kultivere den åndelige godhed i os.

Kraft til i sandhed at søge godheden

Man kan måske være i tvivl om, hvordan den åndelige godhed adskiller sig fra andre åndelige karakteristika. I lignelsen om den gode samaritaner kan hans handlinger beskrives som godgørenhed og barmhjertighed, og hvis vi undlader at skændes og råbe, kan det anses for fredsommelighed og ydmyghed. Så er alle disse ting da en del af den åndelige godhed?

Naturligvis tilhører kærlighed, godgørenhed, barmhjertighed, fredsommelighed og ydmyghed alle godheden. Som tidligere nævnt, er godhedens Guds natur, og der er tale om et meget bredt begreb. Men det særligt aspekt ved åndelig godhed er ønsket om at søge denne godhed og styrken til rent faktisk at praktisere den. Fokus er ikke på barmhjertigheden overfor andre eller de hjælpende gerninger i sig selv. Heller ikke på den godhed, som forhindrede samaritaneren i at gå forbi i en situation, hvor han skulle vise barmhjertighed.

At undlade at skændes og råbe er den del af den ydmyge karakter. Men det særlige ved den åndelige godhed i disse tilfælde er, at vi ikke kan bryde freden, fordi vi søger den åndelige godhed. I stedet for at råbe op og søge anerkendelse, ønsker vi at være ydmyge, fordi vi søger godheden.

Når vi er trofaste, vil vi ikke kun være det i forhold til én ting, men i hele Guds hus, hvis vi har båret godhedens frugt. Hvis vi overser nogen af vores pligter, kan det give andre mennesker problemer. Guds rige vil måske ikke blive opnået, som det skulle. Så hvis man har godhed i sig, vil man ikke have det godt med disse ting. Man kan ikke bare overse dem, så man vil forsøge at være trofast i hele Guds hus. Man kan anvende dette princip overfor alle andre åndelige karakteristika.

De mennesker, som er onde, vil opleve ubehag, hvis ikke de handler med ondskab. I den udstrækning de er onde, vil de få det bedre, når de udviser ondskaben. De mennesker, som har for vane at afbryde andres, mens de taler, kan ikke kontrollere lysten til at afbryde. Selv om de sårer andres følelser eller giver dem vanskeligheder, kan de først være i fred med sig selv, når de har gjort, som de selv har lyst til. Men hvis de til stadighed blive ved med at forsøge at skille sig af med deres dårlige vaner og de indstillinger, som ikke er i overensstemmelse med Guds ord, vil det lykkes for dem i de fleste tilfælde. Hvis de omvendt undlader at forsøge eller hvis de giver op, vil de have de samme fejl selv efter ti eller tyve år.

Men for gode mennesker er det omvendt. Hvis de ikke søger godheden, vil de opleve mere ubehagelige følelser, end når de lider tab, og de vil konstant tænke på det. Så selv om de lider et vist tab, vil de undgå at såre andre. Selv om det er ubekvemt for dem, vil de forsøge at overholde reglerne.

Vi kan fornemme denne indstilling fra de ting, Paulus sagde. Han havde tro nok til at spise kød, men hvis det kunne bringe andre mennesker til fald, ville han undlade at spise kød resten af sit liv. På samme måde vil gode mennesker undlade at gøre noget bestemt og foretrække at opgive det af hensyn til andre, hvis de opdager, at det bringer andre mennesker problemer eller ubehag. De vil aldrig gøre noget, som er pinligt for andre, og de ville aldrig få Helligånden til at beklage sig i dem.

Hvis man på samme måde følger godheden i alle ting, betyder det at man bærer den åndelige godheds frugt. Når man bærer denne frugt, vil man have Herrens indstilling. Man vil ikke gøre noget, som kan bringe andre til fald. Man vil vise godhed og ydmyghed udadtil. Man vil blive respekteret på samme måde som Herren, og ens adfærd og talemåde vil være perfekt. Man vil være smuk i andre menneskers øjne og udsende en duft af Kristus.

I Matthæusevangeliet 5:15-16 står der: *"Man tænder heller ikke et lys og sætter det under en skæppe, men i en stage, så det lyser for alle i huset. Således skal jeres lys skinne for menneskene, så de ser jeres gode gerninger og priser jeres fader, som er i himlene."* Og i Andet Korintherbrev 2:15 står der: *"For vi er Kristi vellugt for Gud blandt dem, der frelses, og blandt dem, der fortabes."* Derfor håber jeg, at I vil ære Gud i alt ved at bære frugten af den åndelige godhed hurtigt og udsende Kristi vellugt til verden.

Fjerde Mosebog 12:7-8

"Han er den betroede i hele mit hus,

med ham taler jeg ansigt til ansigt,

ligefrem og ikke i gåder,

han får da Herrens skikkelse at se."

Kapitel 8

Trofasthed

For at vores trofasthed skal anerkendes
Gør mere end det, du bliver pålagt
Vær trofast i sandheden
Arbejd i overensstemmelse med herrens vilje
Vær betroet i hele Guds hus
Trofasthed overfor Guds rige og retfærdighed

Trofasthed

En mand skulle på rejse til udlandet. Nogen måtte tage sig af hans værdier, mens han var væk, så han gav sine tre tjenere disse opgaver. Alt efter deres evner gav han dem henholdsvis én talent, to talenter eller fem talenter. Den tjener, som fik fem talener, handlede med dem på herres vegne og tjente yderligere fem. Den tjener, som havde fået to, tjente også yderligere to. Men den, som kun havde fået en talent, begravede den i jorden og tjente ikke noget.

Herren roste tjenerne, som havde tjent de to og de fem talenter, og belønnede dem med ordene: *"Godt, du gode og tro tjener"* (Matthæusevangeliet 25:21). Men han irettesatte den tjener, som havde begravet sin talent og sagde: *"Du dårlige og dovne tjener"* (vers 26).

Gud giver os forskellige pligter alt efter vores evner, sådan at vi kan arbejde for ham. Kun når vi fuldfører pligterne af alt styrke og gavner Guds rige, kan vi blive anerkendt som "gode og tro tjenere."

For at vores trofasthed skal anerkendes

Ordbogens definition af ordet "trofasthed" er "kvaliteten at være standhaftig i affekt eller lydighed, eller urokkelig i overholdelse af løfter eller udførelse af pligter." Selv i denne verden er trofaste menneske højt værdsat for deres troværdighed.

Men den slags trofasthed, som Gud anerkender, er anderledes end den verdslige. Hvis vi kun opfylder vores pligt i handling, kan det ikke kaldes åndelig trofasthed. Og hvis vi bruger alle vores anstrengelser eller endda ofrer vores liv på ét bestemt område, så er det heller ikke fuldkommen trofasthed. Hvis vi opfylder vores pligter som kone, mor eller ægtemand, kan det så kaldes trofasthed? Vi har jo kun gjort det, vi skulle.

De mennesker, som er åndeligt trofaste, er skatte i Guds rige, og de udsender stor vellugt. De udsender duften af et uforanderligt hjerte og af standhaftig lydighed. Man kan sammenligne det med lydigheden hos en god arbejdsokse og duften af et troværdigt hjerte. Hvis vi kan udsende denne form for vellugt, vil Herren synes, at vi er elskelige, og han vil have lyst at omfavne os. Det var tilfældet med Moses.

Israelitterne havde været slaver i Egypten i mere end 400 år, og Moses fik den pligt at føre dem til Kana'ans land. Han var så elsket af Gud, at Gud talte til ham ansigt til ansigt. Han var betroet i hele Guds hus og fuldførte alt det, Gud befalede ham. Han tog ikke hensyn til de problemer, han evt. selv måtte få. Han var ovenud trofast på alle områder med hensyn til sine pligter som leder af israelitterne, ligesom han var trofast overfor sin familie.

En dag kom Moses' svigerfar Jetro for at besøge ham. Moses fortalte ham om alle de forbløffende ting, Gud havde gjort for israelitterne. Næste dag så Jetro noget mærkeligt. Folk stillede sig i kø tidligt om morgenen for at se Moses. De kom til Moses med alle de stridigheder, de ikke selv kunne løse. Så kom Jetro med et forslag.

I Anden Mosebog 18:21-22 står der: *"Men du skal se dig om i hele folket efter dygtige, gudfrygtige og pålidelige mænd, som er ubestikkelige. Dem skal du sætte over folket som førere for enheder på tusind, hundrede, halvtreds og ti. Det er altid dem, der skal holde rettergang for folket. Enhver større sag skal de forelægge dig, men i alle mindre sager skal de selv dømme. Gør det lettere for dig selv, og lad dem bære byrden sammen med dig!"*

Moses lyttede til disse ord. Han indså, at hans svigerfar havde ret, og accepterede hans forslag. Så Moses udvalgte dygtige mænd, som var ubestikkelige, og indsatte dem som ledere af tusind, hundrede, halvtreds og ti. De holdt rettergang for folket i mindre sager og forelagde Moses de større sager.

Man kan bære trofasthedens frugt, når man fuldfører alle sine pligter med at godt hjerte. Moses var trofast overfor sine familie og tjente folket. Han brugte al sin tid og alle sine kræfter, og derfor blev han anerkendt som betroet i hele Guds hus. I Fjerde Mosebog 12:7-8 står der: *"Han er den betroede i hele mit hus, med ham taler jeg ansigt til ansigt, ligefrem og ikke i gåder, han får da Herrens skikkelse at se."*

Så hvilken slags menneske har båret trofasthedens frugt og bliver anerkendt af Gud?

Gør mere end det, du bliver pålagt

Når arbejdere bliver betalt for deres arbejde, siger vi ikke, at de er trofaste, hvis de bare udfører deres pligter. Vi kan sige, at de har gjort deres arbejde, men de gjorde kun det, de blev betalt for, så vi kan ikke sige, at de er trofaste. Selv blandt betalte arbejdere er der dog nogen, som gør mere end det, de bliver betalt for. De gør det ikke med modvilje eller med tanke på deres betaling. De fuldfører deres pligter af hele deres hjerte, sind og sjæl, uden at spare på hverken tid eller penge, og ønsket om at gøre dette kommer fra hjertet.

Nogle af kirkens fuldtidsmedarbejdere gør mere end det, de bliver bedt om. De arbejder over tid eller på feriedage, og når de ikke arbejder, tænker de på deres forpligtelser overfor Gud. De tænker altid på, hvordan de bedst kan tjene kirke og medlemmerne ved at gøre mere end det arbejde, de har fået. Desuden påtaget de sig forpligtelser som cellegruppeledere for at tage vare på sjælene. Det er trofasthed, når man på denne måde gør meget mere end det, man er blevet pålagt.

Når det drejer sig om at tage ansvar, så vil de, der bærer trofasthedens frugt, gøre mere end det, de er ansvarlige for at gøre. I Moses' tilfælde satte han for eksempel sit liv på spil, da han bad for at frelse israelitterne, som havde syndet. Det kan vi se af hans bøn i Anden Mosebog 32:31-32, hvor der står: *"Ak, dette folk har begået en stor synd; de har lavet sig en gud af guld. Gid du dog vil tilgive dem deres synd! Men hvis ikke, så slet mig af den bog, du fører."*

Når Moses udførte sin pligt, gjorde han ikke kun det, som Gud havde befalet ham at gøre. Han tænkte ikke: "Jeg gjorde, hvad jeg kunne for at formidle Guds vilje til dem, men de tog ikke imod den. Nu kan jeg ikke gøre mere." Han havde Guds hjerte og ledte folket af al sin kærlighed og styrke. Derfor følte han det, som om det var hans egen fejl, da folket syndede, og han ønskede at påtage sig ansvaret for det.

Det samme gjaldt for apostelen Paulus. I Romerbrevet 9:3 står der: *"Jeg ville ønske, jeg selv var forbandet og skilt fra Kristus, hvis det kunne hjælpe mine brødre og landsmænd."* Men selv om vi hører om Paulus' og Moses' trofasthed, så betyder det ikke nødvendigvis, at vi selv har kultiveret trofasthed.

Selv de mennesker, som har tro og udfører deres pligter, ville muligvis have sagt noget andet end Moses, hvis de havde været i samme situation som ham. De ville måske have sagt: "Gud, jeg gjorde mit bedste. Jeg har ondt af disse mennesker, men jeg har også lidt meget, mens jeg har ført dem." Det, de virkeligt siger, er: "Jeg er sikker på, at jeg gjorde alt det, jeg skulle gøre." Eller de kan måske bekymrer sig om, at de vil blive irettesat samme med de andre, selv om de ikke selv var ansvarlige for folkets synder. Sådanne menneskers hjerter er lang fra at være trofaste.

Det er naturligvis ikke bare alle og enhver, der kan sige: "Tilgiv dem deres synder eller slet mig af den bog, du fører." Hvis vi bærer trofasthedens frugt i vores hjerter, kan vi ikke bare sige, at vi ikke er ansvarlige for de ting, der går galt. Før vi tænker, at vi gjorde vores bedste, må vi se på, hvilken slags hjerte vi havde, da vi i første omgang modtog pligterne.

Vi vil også først tænke på Guds kærlighed og barmhjertighed for sjælene, og at Gud ikke ønsker, at nogen skal ødelægges, selv om han siger, at han vil straffe dem for deres synder. Så hvilken slagt bøn skal vi fremsige for Gud? Vi vil nok sige af hjertets grund: "Gud, det er min skyld. Det var mig, som ikke vejledte dem bedre. Giv dem endnu en chance på mine vegne."

Det samme gælder i alle andre forhold. De, som er trofaste, vil ikke bare sige: "Jeg har gjort nok", men arbejde i overflod af hjertets grund.. I Andet Korintherbrev 12:15 siger Paulus: *"Jeg vil gerne bruge alt, ja, selv blive brugt op for jer. Skal jeg elskes mindre, jo mere jeg elsker jer?"*

Paulus blev nemlig ikke tvunget til at tage hånd om sjælene, og han gjorde det ikke på overfladisk vis. Han fuldførte sin pligt med stor glæde, og derfor siger hen, at han selv ville blive brugt op for andre sjæle.

Han ofrede sig igen og igen med fuldkommen hengivenhed til andre sjæle. Det er trofasthed, når vi ligesom Paulus kan fuldføre vores pligt med overvældende glæde og kærlighed.

Vær trofast i sandheden

Hvis man melder sig ind i en bande og helliger sit liv til bandelederen, vil Gud så sige, at man er trofast? Nej, naturligvis ikke! Gud anerkender kun væres trofasthed, når vi er trofaste i godhed og sandhed.

Når kristne lever et flittigt liv i troen, vil de sandsynligvis få mange pligter. I nogle tilfælde vil de forsøge at udføre deres pligter med ildhu i starten, men senere vil de opgive dem. Deres sind fjerner sig på grund af den udvidelse af virksomheden, de er ved at planlægge. De kan miste indhuen for deres forpligtelser på grund af livsvanskeligheder eller fordi de forsøger at undgå forfølgelser fra andre. Hvorfor skifter de mening på denne måde? Det skyldes, at de negligerer den åndelige trofasthed i deres arbejde for Guds rige.

Åndelig trofasthed er et omskære vores hjerter. Det er at vaske vores hjerters klæder konstant. Det er at skille sig af med alle former for synder, usandheder, ondskab, uretfærdigheder, lovløshed og mørke, og at blive hellig. I Johannesåbenbaringen 2:10 står der: *"Vær tro til døden, og jeg vil give dig livets sejrskrans."* Det at være tro til døden betyder ikke kun, at vi skal arbejde hårdt og trofast indtil vores fysiske død. Det betyder også, at vi skal forsøge at opfylde Guds ord i Bibelen fuld ud af al kraft.

For at opnå den åndelige trofasthed må vi først kæmpe mod synderne til blodet flyder og overholde Guds befalinger. Den første prioritet er at skille os af med ondskab, synder og usandheder, som Gud hader. Hvis vi kun arbejder hårdt rent fysisk uden at omskære vores hjerter, kan vi ikke sige, at der er tale om åndelig trofasthed. Som Paulus siger: "Hver dag dør jeg." Vi skal slå vores kød fuldkommen ihjel og blive hellige. Dette er åndelig trofasthed.

Det, Gud Fader ønsker mest af os, er hellighed. Det må vi indse, så vi kan forsøge at omskære vores hjerter. Det betyder naturligvis ikke, at vi ikke kan påtage os pligter, før vi er blevet fuldkommen hellige. Det betyder, at ligegyldig hvilken pligt, vi udfører lige nu, så skal vi opnå helligheden, mens vi fuldfører pligterne.

De mennesker, som konstant omskærer deres hjerte, vil ikke skifte indstilling med hensyn til trofasthed. De vil ikke opgive deres dyrebare pligt, bare fordi de har vanskeligheder i hverdagslivet eller oplever uro i hjertet. De gudgivne pligter er et løfte, som afgives mellem Gud og os, og vi må aldrig bryde dette løfte med Gud under nogen omstændigheder.

Hvad vil der ske, hvis vi på den anden side undlader at omskære vores hjerte? Vi vil ikke være i stand til at stå fast, når vi kommer ud for vanskeligheder og problemer. Vi vil måske forsage vores relation med Gud og opgive vores forpligtelser. Hvis vi igen får Guds nåde, vil vi måske arbejde hårdt igen i et stykke tid, og denne cyklus kan blive ved og ved. De arbejdere, og på denne måde er foranderlige, kan ikke blive anerkendt for deres trofasthed, selv om de måske gør deres arbejde godt.

For at være trofast på en måde, som anerkendes af Gud, må vi have åndelig trofasthed, hvilket betyder, at vi må omskære vores hjerter. Men det at omskære hjertet bliver ikke belønningen i sig selv. Omskæringen af hjertet er en nødvendighed for Guds børn, som er frelst. Men hvis vi skiller os af med synderne og fuldfører vores pligter med et helligt hjerte, kan vi bære langt større frugt, end når vi fuldfører dem med kødelige sind. Derfor vil vi få langt større belønninger.

Lad os for eksempel forestille os, at man arbejder hårdt under sit frivillige arbejde i kirken hele søndagen. Men man skændes med mange andre mennesker og bryder freden med dem. Hvis man tjener kirken, mens man brokker sig og er modvillig, vil det gå ud over belønningen. Men hvis man tjener kirken med godhed og kærlighed, og er i fred med andre, vil hele arbejdet få en vellugt, som er behagelig for Gud, og hver af gerningerne vil blive belønnet.

Arbejd i overensstemmelse med herrens vilje

I kirken skal vi arbejde i overensstemmelse med Guds hjerte og vilje. Vi skal også være trofaste og adlyde vores ledere ifølge kirkens orden. I Ordsprogenes Bog 25:13 står der: *"Som kølende sne på en sommerdag er et pålideligt sendebud for den, der sender ham; han opliver sin herre."*

Selv om vi udfører vores pligter med flid, kan vi ikke opfylde vores herres ønsker, hvis vi bare gør, hvad vi selv vil. Lad os for eksempel antage at chefen i dit firma siger, at du skal blive på kontoret, fordi der kommer en meget vigtig kunde. Men du har et forretningsanliggende udenfor kontoret og det tager hele dagen at tage sig af det. Selv om du arbejder for virksomheden udenfor kontoret, er du ikke trofast i chefens øjne.

Hvis vi undlader at følge vores herres vilje er det enten, fordi vi følger vores egen ideer eller fordi vi har selvcentrerede motiver. Denne slags mennesker kan måske virke som om, de tjener deres herre, men de gør det rent faktisk ikke af trofasthed. De følger i stedet deres egne tanker og lyster, og det viser sig ved, at de til enhver tid kan finde på at forsage deres herres vilje.

I Bibelen læser vi om en mand ved navn Joab, som var slægtning til David og hærfører i hans hær. Joab var med David under mange farer, mens David blev jagtet af kong Saul. Han havde visdom og var modig. Han klarede de ting, som David ønskede, skulle blive gjort. Da han angreb ammonitterne og deres by, erobrede han den næsten, men han lod David komme og gøre det selv. Joab ønskede ikke at tage æren for at have indtaget byen, men lod David få den.

Han tjente David godt på denne måde, men David var ikke særlig tryg ved ham. Det skyldes, at han var ulydig overfor David, når det var til hans egen fordel. Joab tøvede ikke med at være ulydig, når han søgte at opnå sine personlige mål.

For eksempel kom hærfører Abner, som var Davids fjende, for at overgive sig til David. Kong David bød ham velkommen og sendte ham hjem igen. Det skyldtes, at David hurtigere kunne skabe en stabil situation i befolkningen ved at acceptere ham. Men da Joab fandt ud af det, fulgte han efter Abner og slog ham ihjel. Det skyldtes, at Abner havde dræbt Joabs bror i et tidligere slag. Han vidste, at det ville give David vanskeligheder, hvis han dræbte

Abner, men han fulgte sine egne følelser.

Da Davids søn Absalom gjorde oprør mod David, bad David de soldater, som sloges mod oprørerne, om at behandle hans søn skånsomt. Joab havde hørt denne ordre, men slog alligevel Absalom ihjel. Måske skyldtes det, at hvis de havde ladet Absalom leve, så ville han havde gjort oprør igen, men i sidste ende var Joab ulydig overfor kongens ordre og gjorde, som han selv syntes.

Selv om han gennemgik vanskelige øjeblikke sammen med kongen, var han ulydig overfor ham på afgørende øjeblikke, og David kunne ikke stole på ham. Til sidst gjorde Joab oprør mod kong Salomon, Davids søn, og blev slået ihjel. Også i dette tilfælde undlod han at følge kong Davids vilje, og ville i stedet indsætte den person, som han selv mente, skulle være kongens efterfølger. Han tjente David gennem hele sit liv, men i stedet for at være en dydig embedsmand, endte han sit liv som oprører.

Når vi udfører Guds arbejde, så er den vigtigste faktor at vi følger Guds vilje – ikke hvor ambitiøse vi er med arbejdets udfald. Det nytter ikke noget at være trofast, hvis man modsætter sig Guds vilje. Når vi arbejder i kirken, skal vi også følge vores ledere, før vi følger vores egne ideer. På denne måde kan de fjendtlige djævel og Satan ikke fremsætte beskyldninger, og vi kan i sidste ende ære Gud.

Vær betroet i hele Guds hus

At være betroet i hele Guds hus betyder at være trofast i alle aspekter, som er relateret til os selv. I kirken skal vi varetage alle vores ansvarsområder, selv om vi har mange pligter. Og selv om vi ikke har nogen bestemt pligt i kirken, er det en af vores opgaver at være til stede, når det forventes at medlemmerne møder op.

Alle har pligter, ikke alene i kirken, men også på arbejdspladsen og i skolen. På alle disse områder skal vi varetage vores forpligtelser som medlemmer. At være betroet i hele Guds hus er at varetage alle vores forpligtelser som medlemmer af en familie, som ansatte i en virksomhed eller som studerere eller lærere i en skole. Vi skal ikke kun være faste på et eller to områder og glemme de andre. Vi skal være trofaste i alle aspekter.

Man kan måske tænke: "Jeg har kun en krop, så hvordan kan jeg være trofast på alle områder?" Men i den udstrækning vi forandrer os til ånd, bliver det stadig lettere at være trofast i hele Guds hus. Selv om vi kun investerer en lille smule tid, kan vi helt sikker høste de frugter, vi sår i ånden.

De mennesker, som har forandret sig til ånd, søger ikke deres egen vinding og velbehag, men tænker på andres bedste. De ser alt fra andre menneskers standpunkt. Så disse mennesker vil tage vare på alle deres forpligtelser, som om de må ofre sig selv for det. I den udstrækning vi opnår det åndelige niveau, vil vores hjerte fyldes af godhed. Og hvis vi er gode, vil vi ikke hælde til nogen bestemt side. Så selv om vi har mange pligter, vil vi ikke glemme nogen af dem.

Vi vil gøre vores bedste for at tage hånd om alle i vores omgivelser, forsøge at tage os lidt mere af andre. Så folk omkring os vil mærke vores sandfærdige hjerte. De vil ikke være skuffede, hvis vi ikke kan være sammen med dem hele tiden, men i stedet ære taknemmelige over, at vi tager os af dem.

Lad os tage det eksempel, at et menneske har to forpligtelser. Hun er leder i den ene af grupperne, og almindeligt medlem af den anden. Hvis hun har godhed og bærer trofasthedens frugt, vil hun ikke glemme nogen af dem. Hun vil ikke sige: "Medlemmerne i den sidste gruppe vil forstå, at jeg ikke kan være sammen med dem, for jeg er jo leder i den første gruppe." Hvis hun ikke rent fysisk kan være sammen med den sidste gruppe, så vil hun forsøge at hjælpe dem på en eller anden måde og være med dem i hjertet. På samme måde kan vi være betroede i hele Guds hus og være i fred med alle i den udstrækning, vi har godhed.

Trofasthed overfor Guds rige og retfærdighed

Josef blev solgt som slave til Potifar, som var chef for Faraos livvagt. Og Josef var så trofast og pålidelig, at Potifar lod ham styre hele husholdningen og alt, hvad han ejede, uden at holde øje med ham. Det gjorde han, fordi Josef tog hånd om selv de små ting med stor indsats, idet han forstod sin herres hjerte.

I Guds rige er der også brug for mange trofaste arbejdere ligesom Josef på mange områder. Hvis man har en bestemt pligt, og man varetager den så godt, at lederen ikke skal holde øje med, hvad man gør, så vil man være en stor styrke for Guds rige!

I Lukasevangeliet 16:10 står der: *"Den, der er tro i det små, er også tro i det store. Den, der er uærlig i det små, er også uærlig i det store."* Selv om Josef tjente en fysisk herre, så arbejdede han trofast gennem sin tro på Gud. Gud anså det ikke for meningsløst, men gjorde i stedet Josef til den øverste embedsmand i Egypten.

Jeg tager den aldrig med ro med hensyn til Guds arbejde. Før jeg åbnede kirken, bad jeg altid hele natten, men nu efter at jeg har åbnet den, beder jeg kun fra midnat indtil kl. 4 om morgenen, og så leder jeg bønnemøderne ved daggry kl. 5. I starten havde vi ikke Daniel bønnemøderne, som vi har i dag, hvor de starter kl. 21. Vi havde ikke andre pastorer eller celleledere, så jeg måtte lede alle bønnemøderne ved daggry selv. Men jeg gik aldrig glip af bare en enkelt dag.

Desuden måtte jeg forberede prædikenerne til søndagsgudstjenesterne, onsdagsgudstjenesterne og de nattelange fredagsgudstjenester, mens jeg stadig gik på præsteseminar. Men jeg gav aldrig mine forpligtelser fra mig til andre mennesker, bare fordi jeg var træt. Når jeg kom tilbage fra seminaret, tog jeg hånd om syge mennesker og aflagde medlemmerne besøg. Der var mange syge, som kom fra hele landet. Og hver gang jeg besøger et af kirkens medlemmer, lægger jeg hele mit hjerte ind på at tjene dem rent åndeligt.

På daværende tidspunkt måtte nogle af de studerende tage bussen og skifte to eller tre gange for at nå frem til kirken. Nu har vi selv busser i kirken, men det havde vi ikke dengang. Så jeg ville sørge for, at de studerende var i stand til at komme i kirken uden at skulle bekymre sig om busbilletten. Jeg fulgte dem ud til busstoppestedet efter gudstjenesten og gav dem busbilletter, idet jeg tog afsked med dem. Jeg gav dem nok til, at de kunne komme tilbage til kirken næste gang. De økonomiske gaver til kirken var kun omkring nogle få hundrede kroner, så der var ikke nok til busbilletter. Derfor gav jeg dem busbilletterne med mine egne sparepenge.

Hver gang en ny person registrerede sig i kirken, anså jeg dem for at være en dyrebar skat, så jeg bad for dem og tjente dem med kærlighed for ikke at miste nogen af dem. Derfor var der på daværende tidspunkt ikke nogen af den, som registrerede sig i kirken, der forlod den igen. Så kirken blev helt naturligt ved med at vokse. Nu har kirken mange medlemmer, men betyder det at min trofasthed er kølet af? Nej, selvfølgelig ikke! Min ildhu for sjælene køler aldrig af.

Nu har vi mere end 10.000 søsterkirker over hele verden og vi har mange pastorer, ældre, seniordiakonisser, og ledere for distrikter, underdistrikter og cellegrupper. Og alligevel er mine bønner og min kærlighed til sjælene kun blevet endnu mere indtrængende.

Er din trofasthed overfor Gud kølet af? Er der nogen blandt jer, som tidligere havde gudgivne pligter, men som ikke har dem længere? Hvis I har de samme pligter nu, som I havde tidligere, er jeres ildhu for dem så kølet af? Hvis vi har sand tro, vil vores trofasthed kun vokse i takt med at vores tro modnes, og vi er trofaste overfor Herren for at opnå Guds rige og frelse utallige sjæle. Så vi vil få en stor andel af de dyrebare belønninger i Himlen!

Hvis Gud kun ville have trofaste gerninger, havde det ikke været nødvendigt for ham at skabe menneskeheden, for hele den himmelske skare og alle englene adlyder uden problemer. Men Gud ønsker ikke nogen, der adlyder ubetinget, som robotter. Han vil have børn, som er trofaste i deres kærlighed til Gud, fordi den udgår af deres hjertes grund.

I Salmernes Bog 101:6 står der: *"Mine øjne skal hvile på de trofaste i landet, de skal bo hos mig. Den, der vandrer ad den fuldkomne vej, skal tjene mig."* De mennesker, som skiller sig af med alle former for ondskab og bliver betroede i hele Guds hus, vil få den velsignelse at komme i Ny Jerusalem, som er det smukkeste bosted i Himlen. Derfor håber jeg, at I vil bliver arbejdere, der er som søjler i Guds rige og få den ære at bo tæt ved Guds trone.

Alt Dette Er Loven Ikke Imod

Matthæusevangeliet 11:29

"Tag mit åg på jer, og lær af mig,

for jeg er sagtmodig og ydmyg af hjertet,

så skal I finde hvile for jeres sjæle."

Kapitel 9

Mildhed

Mildhed til at acceptere mange mennesker
Åndelig mildhed ledsaget af gavmildhed
Karakteristika ved dem, som har båret mildhedens frugt
At bære mildhedens frugt
Kultiver god jord
Velsignelser til de milde

Mildhed

Overraskende mange mennesker bekymrer sig om deres temperament, depression, eller om deres personlighed, fordi de er ekstremt indadvendte eller alt for udadvendte. Nogle mennesker skyder skylden på deres karakter, når tingene ikke går, som de skal, og siger: "Jeg kan ikke gøre for det, det er min personlighed." Men Gud skabte mennesket, og det er ikke vanskeligt for ham at forandre folks personlighed med sin kraft.

Moses slog engang et menneske ihjel på grund af sit voldsomme temperament, men han blev forandret med Guds kraft i den udstrækning, at han blev anerkendt af Gud som det mest ydmyge og sagtmodige menneske på jorden. Apostelen Johannes havde tilnavnet "tordensønnen", men blev forandret med Guds kraft og blev anerkendt som "den milde apostel."

Hvis de mennesker, som har et voldsomt temperament, praler eller er selvcentrerede, er villige til at skille sig af med ondskaben og pløje jorden i deres hjerte, kan de forandres og kultivere en mild karakter.

Mildhed til at acceptere mange mennesker

I ordbogen står der, at mildhed er den kvalitet eller tilstand at være mild, blød, blid eller sagtmodig. De mennesker, som er generte og har en sky karakter, eller som ikke udtrykker deres holdninger, kan virke milde. De, som er naive eller som ikke bliver vrede på grund af et lavt intellektuelt niveau, kan virke milde i verdslige menneskers øjne.

Men åndelig mildhed er ikke kun mildhed eller blidhed. Det er at have visdom og evne til at skelne mellem rigtigt og forkert, og på samme tid være i stand til at forstå og acceptere alle, idet de milde ikke har nogen ondskab i sig. Åndelig mildhed er nemlig at være gavmild i kombination med en mild og blød karakter. Hvis man har denne dydige gavmildhed, vil man ikke bare være mild hele tiden, men også have en streng værdighed, når det er nødvendigt.

Hjertet hos et mildt menneske er så blødt som bomuld. Hvis man smider en sten ind i en tot bomuld eller stikker i den med en nål, vil bomulden bare dække og favne objektet. På samme måde vil de åndeligt milde mennesker ikke bære nag i hjertet, uanset hvor dårligt andre mennesker behandler dem. De bliver ikke vrede og oplever ikke noget ubehag, og de bringer heller ikke andre mennesker i forlegenhed.

De dømmer og fordømme ikke, men forstår og accepterer. Folk vil føle sig godt tilpas sammen med disse mennesker, og mange vil finde hvile i selskab med dem, som er milde. Det kan sammenlignes med at et stort træ har mange grene, hvor fuglene kan komme hvile sig eller bygge rede.

Moses er et af de mennesker, som er blevet anerkendt af Gud for hans mildhed. I Fjerde Mosebog 12:3 står der: *"Men manden Moses var mere sagtmodig end noget andet menneske på jorden."* På tiden for flugten fra Egypten var der mere end 600.000 voksne mænd blandt israelitterne. Inklusiv kvinder og børn må der have været mere end to millioner. Det ville have været en meget vanskelig opgave for et almindeligt menneske at lede så stor en flok.

Det gjaldt særligt for disse menneske, der havde fået forhærdede hjerter som tidligere slaver i Egypten. Hvis man regelmæssigt bliver slået, hører et grimt og nedladende sprog, og udfører det hårde slavearbejde, vil ens hjerte blive forhærdet. Under disse forhold er det ikke let at indgravere nåden i hjerterne og få dem til at elske Gud af hjertets grund. Derfor var folket ulydigt overfor Gud igen og igen, selv om Moses viste dem stor kraft.

Når de stod overfor selv små vanskeligheder, begyndte de hurtigt at beklage sig og at rejse sig mod Moses. Så vi kan forstå, hvor sagtmodig Moses var, alene af det faktum at han førte disse mennesker rundt i ørkenen i 40 år. Den form for åndelige mildhed, som Moses havde, er en af Helligåndens frugter.

Åndelig mildhed ledsages af gavmildhed

Mon der er nogen, der tænker på følgende måde: "Jeg bliver ikke vred, og jeg synes selv, at jeg er mere mild end andre mennesker, men alligevel får jeg ikke svar på mine bønner. Jeg kan heller ikke rigtig høre Helligåndens stemme" Så skal man ransage sig selv for, om der er tale om kødelig mildhed. Folk kan måske sige, at man er mild, hvis man virker mild og rolig, men det er kun kødelig mildhed.

Det, som Gud ønsker, er åndelig mildhed. Åndelig mildhed er ikke kun at være mild og blid, men også at have dydig gavmildhed. Sammen med sagtmodigheden i hjertet skal man havde en dydig gavmildhed, som er tydelig udadtil, hvis man vil opnå den fuldkomne åndelige mildhed. Det kan sammenlignes med et menneske med en god karakter, der er iklædt et jakkesæt, som svarer til denne karakter. Selv om personen har en god karakter, vil det bringe skam over ham, hvis han går nøgen rundt. På samme måde er mildhed uden dydig gavmildhed ikke fuldkommen.

Dydig gavmildhed er ligesom en klædedragt, der får mildheden til at skinne, men der skal ikke være tale om hykleriske gerninger. Hvis man ikke har helligheden i hjertet, kan det ikke siges, at man har dydig gavmildhed, bare fordi man udviser gode gerninger. Hvis man udviser gode gerninger i stedet for at kultivere hjertet, er det sandsynligt, at man holder op med at indse sine egne mangler, og fejlagtigt tror, at man har opnået en høj grad af åndelig vækst.

Men selv i denne verden vil mennesker, som kun tager sig godt ud udadtil, ikke vinde andre menneskers hjerter. Og i troen er det også meningsløst at koncentrere sig om de ydre gerninger uden at kultivere den indre skønhed.

For eksempel er der nogle mennesker, som handler retskaffent, men de dømmer andre og ser ned på dem, fordi de ikke handler som dem selv. De kan også insisterer på deres egne standarter, når de omgås andre mennesker, og tænke: "Dette er den rette måde at gøre tingene på, så hvorfor gør de andre ikke bare sådan?" De bruger måske pæne ord, når de giver råd, men de dømmer andre i deres hjerter og taler ud fra deres selvretfærdighed og negative følelser. Folk kan ikke finde hvile samme med disse mennesker. De vil blive såret og miste modet, så de vil ikke have lyst til at blive sammen med dem.

Nogle mennesker bliver vrede og irriterede på baggrund af deres selvretfærdighed og ondskab. Men de siger, at der er tale om "retfærdig indignation", og at de reagerer sådan for andres skyld. Hvis nogen har dydig gavmildhed, vil de dog ikke miste deres sindsro under nogen omstændigheder.

Hvis man virkelig ønsker at bære Helligåndens frugter fuldt ud, kan man ikke bare dække over de ydre tegn på den indre ondskab. For så er der kun tale om et skuespil overfor andre mennesker. Man skal ransage sig selv igen og igen i alle forhold og vælge godhedens vej.

Karakteristika ved dem, som har båret mildhedens frugt

Når folk ser de mennesker, som er milde og har et stort hjerte, siger de, at disse menneskers hjerte er som et helt hav. Havet modtager det forurenede vand fra åer og floder, og renser det. Hvis vi kultiverer et stort og mildt hjerte, der er som et helt hav, kan vi føre selv de sjæle, som er besudlet af synd, ind på vejen til frelse.

Hvis vi er gavmilde udadtil og milde indeni, kan vi vinde mange menneskers hjerter, og vi kan udrette store ting. Lad mig nu give nogle eksempler på karakteristika ved de mennesker, som har båret mildhedens frugt.

For det første er de værdige og mådeholdne i deres handlinger.

De mennesker, som virker til at have et mildt temperament, men som rent faktisk er ubeslutsomme, kan ikke acceptere andre. Historisk set har nogle konger været milde, men de havde ikke dydig gavmildhed, så landet var ikke stabilt. Senere i historien har folk ikke vurderet disse konger som milde, men derimod som uegnede og ubeslutsomme.

Omvendt har andre konger haft en varm og mild karakter, ledsaget af visdom og værdighed. Under disse kongers regeringstid har landet været stabilt og folk har været i fred. På samme måde vil de, som både er milde og har dydig gavmildhed, have en god standart for vurderinger. De gør det, der er retfærdigt, ved at skelne korrekt mellem rigtigt og forkert.

Da Jesus ryddede templet og irettesatte de hykleriske farisæere og skriftkloge, var han stærk og streng. Han havde et mildt hjerte og ville hverken "sønderbryde det knækkede strå eller slukke den osende væge", men han irettesatte folk hårdt, hvis han var nødt til det. Hvis vi har denne værdighed og retfærdighed i hjertet, kan folk ikke se ned på os, selv om vi aldrig har hævet stemmen eller været strenge.

Den ydre adfærd har også relation til Herrens manerer og fuldkomne kropslige gerninger. De mennesker, som er dydige, har værdighed, autoritet og vægt bag deres ord; de taler ikke ubekymret om meningsløse ting. De tager passende tøj på til enhver lejlighed. De har et mildt ansigtsudtryk, ikke hårde eller kolde ansigter.

Hvis for eksempel et menneske er uordentlig med hår og tøj, så er hans fremtoning uværdig. Hvis han desuden fortæller vittigheder og taler om meningsløse ting, så vil det være meget vanskeligt for dette menneske at opnå andres tillid og respekt. Andre mennesker vil ikke ønske at blive accepteret og favnet af ham.

Hvis Jesus havde sagt vittigheden hele tiden, ville hans disciple have forsøgt at lave sjov med ham. Så når Jesus forsøgte at lære dem noget vigtigt, ville de straks have argumenteret imod eller insisteret på deres egne holdninger. Men det vovede de slet ikke at gøre. Selv de mennesker, som kom til ham for at diskuttere, kunne slet ikke gennemføre det på grund af hans værdighed. Jesu ord og handlinger havde altid vægt og værdighed, så folk kunne ikke uden videre afvise dem.

Til tider kan de overordnede i et hierarki naturligvis godt sige en vittighed til de underordnede for at lette stemningen. Men hvis de underordnede pjatter med hinanden og har dårlige manerer, betyder det, at de ikke har den rette forståelse. Hvis lederen ikke er retskaffen, men i stedet udviser en forstyrret adfærd, så kan vedkommende ikke opnå andres tillid. De overordnede, som har høje lederstillinger, må i særlig grad være retskafne med hensyn til indstilling, talemåde og adfærd.

En overordnet i en organisation kan tale på en ærefuld måde eller handle respektfuldt overfor de underordnede, men hvis en af de underordnede udviser overdreven respekt kan den overordnede bruge et helt almindeligt sprog uden de ærefulde former, for at bringe den underordnede til ro. I denne situation kan det give en mere afslappet stemning ikke at være alt for høflig, og det vil være lettere for den underordnede at åbne sig. Men folk med en lavere rang bør ikke se ned på deres overordnede og skændes med ham eller undlade at adlyde, bare fordi han forsøger at få dem til at slappe af.

I Romerbrevet 15:2 står der: *"Vi skal hver især tænke på vores næstes gavn og opbyggelse."* Og i Filipperbrevet 4:8: *"I øvrigt, brødre, alt, hvad der er sandt, hvad der er ædelt, hvad der er ret, hvad der er rent, hvad der er værd at elske, hvad der er værd at tale godt om, kort sagt: det gode og rosværdige, det skal I lægge jer på sinde."* På samme måde vil de, som er dydige og gavmilde gøre alt med retskaffenhed, og de vil udvise de hensyn, som får andre menneske til at have det godt.

De milde udviser barmhjertige og medfølende handlinger, idet de har et stort hjerte.

De hjælper ikke alene dem, som har økonomiske vanskeligheder, men også dem, som er åndeligt udmattede eller svage. De trøster den og viser dem nåde. Men selv om de er milde, er det vanskeligt at udsende Kristi vellugt, hvis denne mildhed ikke kommer ud af deres hjerter.

Lad os for eksempel forestille os, at der er en troende, som lider under forfølgelser på grund af hendes tro. Hvis kirkelederne omkring hende finder ud af det, har de medlidenhed med hende og beder for hende. Men disse ledere har kun medfølelse i deres hjerte. Omvendt er der andre ledere, som personligt opmuntrer og trøster hende, og desuden hjælper hende med passende handlinger alt efter situationen. De styrker hende og hjælper hende med at overvinde problemerne med tro.

Så for de mennesker, som kommer ud for problemer, vil det være vidt forskellige om omgivelserne kun har medfølelse i hjertet eller om de udviser konkrete handlinger. Når mildheden viser sig udadtil som gavmilde gerninger, kan de give nåde og liv til andre. Derfor står der i Bibelen, at de sagtmodige vil arve jorden (Matthæusevangeliet 5:5), og det har en nær relation til den trofasthed, der er resultatet af dydig gavmildhed. At arve jorden er et udtryk for himmelske belønninger. Normalt er det de trofaste, som får himmelske belønninger. Når man får en mindetavle, en ærespræmie eller en belønning for forkyndelse fra kirken, så er det et resultat af trofasthed.

På samme måde vil de milde få velsignelser, men det kommer ikke af det milde hjerte i sig selv. Når det milde hjerte bliver udtrykt med dyd og gavmilde handlinger, vil de bære trofasthedens frugt. Så vil de få belønninger som resultat. Når man acceptere og favner mange sjæle med gavmildhed, trøster dem, opmuntrer dem og giver dem liv, vil man arve jorden i Himlen gennem disse gerninger.

At bære mildhedens frugt

Så hvordan kan vi bære mildhedens frugt? Sammenfattende kan man sige, at vi skal kultivere vores hjerte til god jord.

Og han talte meget til dem i lignelser og sagde: "Se, en sædemand gik ud for at så. Og da han såede, faldt noget på vejen, og fuglene kom og åd det op. Noget faldt på klippegrund, hvor der ikke var ret meget jord, og det kom straks op, fordi der kun var et tyndt lag jord; men da solen kom højt på himlen, blev det svedet, og det visnede, fordi det ikke havde rod. Noget faldt mellem tidslerne, og tidslerne voksede op og kvalte det. Men noget faldt i god jord og gav udbytte, noget hundrede, noget tres og noget tredive fold" (Matthæusevangeliet 13:3-8).

I Matthæusevangeliet kapitel 13 sammenlignes vores hjerte med fire forskellige slags jord. De kan inddeles i vej, klippegrund, tidselmark og god jord.

Hjertets jord, der er ligesom en vej, skal ryddes for selvretfærdighed og selvcentrerede tankebygninger.

Jordveje bliver trådt sammen af mennesker, og de bliver hårde, så sæden kan ikke vokse i dem. Den kan ikke slå rod i den hårde jord, og blive spist af fuglene. De mennesker, som har sådanne hjerter, har stædige sind. De åbner ikke deres hjerter for sandheden, så de kan hverken møde Gud eller få tro.

Deres egen viden og værdisystemer er så fastsatte i dem, at de ikke kan tage imod Guds ord. De tror fast på, at de selv har ret. Hvis de skal nedbryde deres selvretfærdighed og tankebygninger, skal de først ødelægge ondskaben i deres hjerter. Det er vanskeligt at nedbryde selvretfærdighed og tankebygninger, hvis man stadig har stolthed, arrogance, stædighed og falskhed i sig. Denne ondskab vil få folk til at have kødelige tanker, som afholder dem fra at tro på Guds ord.

De mennesker, som har samlet til bunke af falskhed i deres sind, kan for eksempel ikke lade være med tvivle på andre, selv om de siger sandheden. I Romerbrevet 8:7 står der: *"For det, kødet vil, er fjendskab med Gud; det underordner sig ikke Guds lov og kan det heller ikke."* Som der står kan disse mennesker ikke sige: "Amen" til Guds ord, og heller ikke adlyde det.

Nogle mennesker er meget stædige i begyndelsen, men når først de får nåden og deres tanker forandres, bliver de brændende i troen. Det er i de tilfælde, hvor de har hærdet deres ydre sind men har et blødt og mildt indre hjerte. Men de mennesker, der er ligesom en jordvej, er anderledes. I deres tilfælde er også det indre hjerte forhærdet. Et hjerte, som er hærdet udenpå, men blødt indeni, kan sammenlignes med en tynd plade af is, mens jordvejen kan sammenlignes med et bassin med vand, som er frosset helt ned til bunden.

Da hjertet, som ligner en jordvej, er blevet hærdet af usandhed og ondskab i lang tid, er det ikke let et gennemtrænge det på kort tid. Man skal blive ved med at bryde op i det igen og igen for at kultivere det. Når som helst Guds ord ikke stemmer overens med disse menneskers tanker, må de undersøge, om deres tanker så virkelig er korrekte. De må også samle til bunke af gode gerninger, sådan at Gud kan give dem nåde.

Somme tider beder folk mig om at bede for dem, så de kan have tro. Det er naturligvis en skam, at de ikke har tro, selv om de har været vidne til Guds kraft og lyttet til Guds ord, men det er alligevel bedre end slet ikke at forsøge. I de tilfælde, hvor folk har hjerter som jordveje, må deres familiemedlemmer og kirkeledere bede for dem og føre dem, men det er vigtigt at de også selv anstrenger sig. Så vil ordets sæd på et vist tidspunkt begynde at skyde i deres hjerter.

Det hjerte, der er som klippegrund, skal skille sig af med kærlighed til verden.

Hvis man sår sin sæd på klippegrunden, vil den skyde op, men den kan ikke slå gode rødder på grund af klippen. På samme måde vil de, der har et hjerte som en klippegrund, hurtigt blive bragt til fald, når der kommer trængsler, forfølgelser og fristelser.

Når de får Guds nåde, føler de, at de virkelig ønsker at leve ved

Guds ord. De kan endda opleve Helligåndens brændende gerninger. Det vil sige at ordets sæd er faldet i deres hjerte og har skudt. Men efter at de har fået denne nåde, opstår der modstridende tanker, når de er på vej til kirke den følgende søndag. De oplever Helligånden, men de begynder at tvivle på deres følelser, fordi de opstod under følelsesmæssig ophidselse. Disse menneskers tanker får dem til at tvivle, og de lukker dermed døren til deres hjerte igen.

For andre kan konflikten være, at de ikke kan opgive deres hobbyer eller andre former for underholdning, som de plejer at bruge tid på, og så holder de ikke Herrens dag hellig. Hvis de bliver forfulgt af deres familiemedlemmer eller overordnede på arbejdet for at føre et åndfuldt liv i troen, holder de op med at komme i kirken. De får stor nåde og synes at lede et brændende liv i troen i nogen tid, men hvis de får problemer med andre troende i kirken, bliver de fornærmede og forlader menigheden.

Så hvad er grunden til at ordets sæd ikke slår rod? Det skyldes de "sten", der er i hjertet. Det kødelige i hjertet fremstilles symbolsk som sten, og det henviser til de usandheder, der afholder folk fra at adlyde Guds ord. Blandt de mange usandfærdige ting er der nogen, der er så hårde, at de afholder ordets sæd fra at slå rod. Der er helt præcist tale om hjertets kødelige kærlighed til denne verden.

Hvis folk elsker verdslig underholdning, kan det være vanskeligt for dem at overholde det ord, der siger, at de skal holde søgnedagen hellig. De, som har grådighedens sten i deres hjerter, undlader at komme i kirke, fordi de ikke bryder sig om at give tiende og offergaver til Gud. Nogle mennesker har sten af had i deres hjerter, så kærlighedens ord kan ikke slå rod.

Blandt de mennesker, som kommer i kirken, er der nogle, som har et hjerte, der er som klippegrund. For eksempel lever de ikke ved ordet, selv om de er født og opvokset i en kristen familie og har lært ordet fra barnsben. De oplever Helligånden og får til tider også nåde, men de skiller sig ikke af med deres kærlighed til verden. Mens de lytter til ordet, tænker de ved sig selv, at de ikke burde leve, som de gør, men når de kommer hjem, vender de tilbage til verden igen. De lever et liv, hvor de skræver over hegnet med den ene fod på Guds side og den anden på verdens side. Da de har hørt ordet, kan de ikke forlade Gud, men de har stadig så mange sten i deres hjerte, at det forhindrer Guds ord i det slå rod.

Nogle klippegrunde er dog ikke fyldt med sten. For eksempel er nogle mennesker trofaste uden at skifte mening. De bærer i nogen grad frugt. Men de har had i deres hjerter, og kommer i konflikt med andre over hvad som helst. De dømmer og fordømmer, og bryder freden hvor som helst, de kommer. Derfor bærer de ikke kærlighedens og sagtmodighedens frugter, selv efter mange år. Andre har milde og gode hjerter. De er hensynsfulde og forstående overfor andre, men de er ikke trofaste. De bryder let deres løfter og er uansvarlige på mange områder. Så de må udbedre disse mangler for at pløje deres hjertes jord og gøre den til god muld.

Så hvad skal vi da gøre for at pløje klippegrunden?

For det første bør vi flittigt følge ordet. En bestemt troende forsøger måske at varetage sine pligter i lydighed mod ordet, der fortæller os, at vi skal være trofaste. Men det er ikke så let, som han havde regnet med.

Da han var almindeligt medlem af kirken, som hverken havde en bestemt titel eller position, tjente de andre medlemmer ham. Men nu er han i en position, hvor han skal tjene de andre medlemmer. Han forsøger måske hårdt, men han oplever negative følelser såsom modvilje og temperament opstår i hjertet. Han mister gradvis Åndens fylde, og overvejer endda at opgive sine forpligtelser.

Disse negative følelser er de sten, han skal fjerne fra sit hjertes jord. De negative følelser udspringer af en stor klippe, som hedder "had." Når han indser det, skal han angribe denne klippe af had og skille sig af med den. Først da kan han adlyde ordet, som fortæller os at vi skal elske andre og søge at være i fred med dem. Han må ikke give op, bare fordi det er hårdt, men skal i stedet holde endnu mere fast på sin pligt og opfylde den med endnu større lidenskab. På denne måde kan han forandre sig til den mild medarbejder.

For det andet skal vi bede oprigtigt, når vi praktiserer Guds ord. Når regnen falder på marken, bliver jorden fugtig og blød. Det er et godt tidspunkt at fjerne stenene på. Når vi er fyldt af Helligånden gennem bøn, bør vi ikke lade denne chance gå fra os. Vi skal i stedet hurtigt fjerne stenene. Vi skal nemlig straks omsætte tingene til de handlinger, som vi tidligere ikke har været i stand til at overholde. Når vi gør dette igen og igen, vil selv de store sten, som ligger dybt inden i os, blive rystet løs, så vi kan trække dem ud. Når vi får Guds nåde og styrke fra oven, og får Helligåndens fylde, kan vi skille os af med de synder og den ondskab, som vi tidligere ikke kunne slippe af med gennem vores viljekraft.

Tidselmarken bærer ikke frugt på grund af verdens bekymringer og rigdommens blændværk.

Hvis vi sår sæden på en tidselmark, kan den måske skyde op og vokse, men på grund af tidslerne kan den ikke bære nogen frugt. På samme måde vil de, der har et hjerte som en tidselmark, ikke være i stand til at omsætte ordet til praksis fuldt ud, selv om de har tro og forsøger at handle efter ordet. Det skyldes, at de lader sit styre af verdens bekymringer og rigdommens blændværk, hvilket er grådighed efter penge, berømmelse og magt. Derfor oplever de fortvivlelse og trængsler.

Sådanne mennesker bekymrer sig konstant over fysiske ting såsom huslige opgaver, forretningsanliggender eller det arbejde, de skal udføre i morgen. Det er meningen, at de skal finde trøst og ny styrke, mens de deltager i godstjenesterne, men de drukner i bekymringer og overvejelser. Så selv om de tilbringer mange søndage i kirken, kan de ikke opleve den sande glæde og fred ved søgnedagen. Hvis de for alvor holdt søgnedagen hellig, ville deres sjæl trives og de ville opnå åndelige og materielle velsignelser. Men de får ikke disse velsignelser. Så de skal fjerne tidslerne og praktisere Guds ord ordentligt, sådan at de kan få god jord i deres hjerter.

Hvordan kan vi da pløje tidselmarken?

Vi skal trække tidslerne op med rod. Tidsler symboliserer de kødelige tanker. Deres rødder symboliserer ondskaben og det kødelige i hjertet. De onde og kødelige egenskaber i hjertet er nemlig kilden til de kødelige tanker. Hvis vi bare klipper tidslernes stænglerne over, vil de vokse op igen. På samme måde kan vi ikke stoppe de kødelige tanker, så længe vi har ondskab i hjertet, selv om vi måske beslutter os for det. Vi skal trække det kødelige i hjertet op med rod.

Der er mange rødder, men hvis vi trækker grådighedens og arrogancens rod op, kan vi i betydelig grad skille os af med det kødelige i vores hjerter. Vi har tendens til at lade os binde af verden og have verdslige bekymringer, fordi vi har grådighed efter kødelige ting. Så tænker vi altid på, hvad der er til gavn for os selv og søger vores eget, selv om vi kan påstå, at vi lever ved Guds ord. Og hvis vi har arrogance, kan vi heller ikke adlyde ordet fuldt ud. Vi bruger den kødelige visdom og vores kødelig tanker, fordi vi tror, vi selv kan udrette noget. Derfor må vi først trække grådighedens og arrogancens rødder op.

Kultiver god jord

Når sæden bliver sået i god jord, skyder den op og vokser, og så bærer den frugt i tredive, tres eller hundrede fold. De mennesker, som har god jord i hjertet, er ikke selvretfærdige og har ikke tankebygninger ligesom dem, der har hjerter som jordveje. De har hverken sten eller tidsler, og de er derfor i stand til at adlyde Guds ord med "ja" og "amen." På denne måde kan de bære rigelig frugt.

Der er naturligvis svært at skelne klart mellem jordvej, klippegrund, tidselmark og god jord i menneskets hjerte, for der er ikke noget entydigt mål for det. En jordvej kan indeholde klippegrund. Og selv god jord kan have nogle usandheder, der er ligesom sten i vækstprocessen. Men uanset hvilken slags jord, der er tale om, så kan vi gøre den til god jord, hvis vi pløjer den flittigt. Dermed er det vigtige, hvor flittigt vi pløjer jorden i vores hjerter, end hvilken slags jord, vi har.

Selv ufrugtbar jord kan kultiveres til god muld, hvis bonden pløjer den flittigt. På samme måde kan menneske hjerte-jord forandres ved Guds kraft. Selv de hærdede hjerter, der er som jordvej, kan pløjes med Helligåndens hjælp.

Men selv om vi får Helligåndens hjælp, betyder det selvfølgelig ikke nødvendigvis, at vores hjerter vil forandres. Vi må også selv anstrenge os. Vi skal forsøge at bede indtrængende, prøve kun at tænke i sandhed i alle forhold, og gøre vores bedste for at praktisere sandheden. Vi må ikke give op efter at have prøvet i nogle uger eller måneder, men skal i stedet være vedholdende i vores forsøg.

Gud tager hensyn til vores anstrengelser, før han giver os nåde og kraft samt Helligåndens hjælp. Hvis vi holder os for øje, at vi skal forandre os, og rent faktisk ændrer disse karakteristika ved Guds nåde og kraft, og Helligåndens hjælp, så vil vi helt bestemt bliver meget anderledes efter et år. Vi vil tale med gode ord i sandhed, og vores tanker vil forandres til gode tanker i sandhed.

I den udstrækning vi pløjer vores hjertes jord og gør den god, vil vi også bære Helligåndens andre frugter. Særligt mildhed er nært forbundet med kultiveringen af hjertets jord. Hvis ikke vi trækker usandhederne såsom temperament, had, misundelse, grådighed, skænderi, pral og selvretfærdighed op, kan vi ikke have mildhed. Så kan andre sjæle ikke finde hvile i os.

Derfor er mildhed mere direkte relateret til hellighed end Helligåndens andre frugter. Vi kan hurtigt få hvad som helst, vi beder om, ligesom den gode jord giver frugt, hvis vi kultiverer den åndelige mildhed. Vi vil også være i stand til at høre Helligåndens stemme klart, sådan at vi kan lade os lede til at trives på alle områder.

Velsignelser til de milde

Det er ikke let at lede en virksomhed med hundredvis af ansatte. Selv om man er blevet udpeget til leder gennem valg, er det svært at styre hele gruppen. For at være i stand til at forene så mange mennesker og lede dem, må man kunne vinde andres hjerte gennem åndelig mildhed.

Folk kan naturligvis følge de mennesker, som har magt eller som er rige og virker til at hjælpe de nødlidende i denne verden. Et koreansk ordsprog siger: "Når ministerens hund dør, er der mange, som sørger, men når ministeren selv dør, er der ingen." Som det fremgår af dette ordsprog, kan vi finde ud af, om et menneske virkelig er gavmildt, når han mister sin magt og velstand. Når en person er rig og magtfuld, følger folk ham, men det er vanskeligt at finde nogen, som bliver med med det, hvis vedkommende mister sin magt og velstand.

Hvis han er dydig og gavmild vil folk dog fortsætte med at følge ham, selv om han mister sin magt og velstand. De følger ham nemlig ikke med tanke på økonomisk vinding, men for at finde hvile hos ham.

Selv i kirken er der nogle ledere, som har det svært, fordi de ikke engang er i stand til at acceptere og favne en håndfuld medlemmer af deres cellegruppe. Hvis de ønsker at opleve vækkelse i gruppen, skal de først kultivere deres hjerte, så det er så blødt som bomuld. Så vil medlemmerne finde hvile i deres ledere og nyde denne fred og lykke, og det vil helt automatisk give vækkelse. Pastorer og andre, som virker i kirken, må være milde og have evne til at acceptere mange sjæle.

Der er særlige velsignelser, som gives til de milde. I Matthæusevangeliet 5:5 står der: *"Salige er de sagtmodige, for de skal arve jorden."* Som tidligere nævn betyder det at arve jorden ikke, at vi vil få land her i denne verden. De betyder, at vi vil få land i Himlen i den udstrækning, vi har kultiveret åndelig mildhed i vores hjerter. Vi vil få et hus i Himlen, der er stort nok til, at vi kan invitere alle de sjæle, som har fundet hvile i os.

Når vi får sådan en bolig i himlen betyder det også, at vi vil have en ærefuld stilling. Selv om vi har meget land på denne jord, betyder det ikke, at vi vil få det i Himlen. Men det land, vi får i Himlen ved at kultivere vores milde hjerte, vil være vores arv, og den vil aldrig forsvinde. Vi vil opleve den evige lykke i vores bosted sammen med Herren og vores elskede.

Derfor håber jeg, at I flittigt vil pløje jeres hjerter, så de bærer mildhedens smukke frugt, og I kan arve et stort stykke land i himmeriget ligesom Moses.

Første Korintherbrev 9:25

"Men enhver idrætsmand er afholdende i alt
— de andre for at få en sejrskrans, der visner,
men vi for at få en, der ikke visner."

Alt Dette Er Loven Ikke Imod

Kapitel 10

Selvbeherskelse

Selvbeherskelse er nødvendig i alle livets aspekter
Selvbeherskelse er basal for Guds børn
Selvbeherskelse fuldender Helligåndens frugter
Bevis for at bære selvbeherskelsens frugt
Hvis man vil bære selvbeherskelsens frugt

Selvbeherskelse

Et maraton er et 42,195 m langt løb. Løberne skal håndtere deres hastighed grundigt, indtil de når over slutlinjen. Det er ikke et kortdistanceløb som hurtigt slutter, så de skal ikke bare løbe frem med fuld fart på tilfældig vis. De skal holde en bestemt hastighed under hele løbet, og når de kommer til et passende sted, kan de måske sætte i spurt med den sidste energi.

Det samme princip gælder i vores liv. Vi skal være trofaste med standhaftighed indtil det sidste i troens løb og vinde kampen mod os selv for at sejre. Desuden må de mennesker, som gerne vil have strålende kroner i himmeriget, være i stand til at udøve selvbeherskelse på alle områder.

Selvbeherskelse er nødvendig i alle livets aspekter

Vi kan se i denne verden, at de mennesker, som ikke har selvbeherskelse, gør deres liv komplekse og skaber vanskeligheder for sig selv. Hvis for eksempel forældre giver deres søn for megen kærlighed, fordi han er enebarn, så vil han sandsynligvis blive forkælet. De mennesker, som er afhængige af spil eller andre fornøjelser, ødelægger deres familier, selv om de ved, de burde tage hånd om dem, men de kan ikke kontrollere sig. De siger: "Det her vil være sidste gang. Nu gør jeg det ikke mere." Men den "sidste gang" gentager sig igen og igen.

I den berømte kinesiske historiske roman Beretningen om de tre riger er Zhang Fei fuld af lidenskab og mod, men han har temperament og er aggressiv. Liu Bei og Guan Yu, som sværger broderskab med ham, er altid bekymrede, for han kan gøre noget forkert i ethvert øjeblik. Zhang Fei får mange råd, men kan ikke for alvor ændre sin karakter. Til sidste kommer han i problemer på grund af sit temperament. Han slår og pisker sine underordnede, hvis ikke de lever op til hans forventninger, og to mænd, som føler, at de er blevet uretfærdigt behandlet, bærer nag mod ham og slår ham ihjel, hvorefter de overgiver sig til fjenden.

På samme måde vil de, som ikke behersker deres temperament, såre mange menneskers følelser både i hjemmet og på arbejdspladsen. Det er let for dem at skabe fjendskab med andre mennesker, og derfor er det ikke sandsynligt, at de vil trives. Men de mennesker, som er vise, vil bebrejde sig selv og bære over med andre selv i provokerende situationer. Selv om andre begår store fejl, vil de beherske deres temperament og berøre andres hjerter med trøstende ord. Sådanne handlinger er vise, og de vil vinde mange menneskes hjerter og få dem til at blomstre.

Selvbeherskelse er basal for Guds børn

Helt basalt har vi, som er Guds børn, behov for selvbeherskelse for at skille os af med synderne. Jo mindre selvbeherskelse vi har, jo sværere vil vi føle det er at slippe af med synderne. Når vi lytter til Guds ord og få hans nåde, beslutter vi os for at forandre os, men vi kan måske alligevel blive fristet af synderne.

Det kan vi se af de ord, som kommer over vores læber. Mange mennesker beder for at gøre deres læber hellige og fuldkomne. Men i deres dagligdag glemmer de, hvad de har bedt for, og de siger, hvad de har lyst til i overensstemmelse med de gamle vaner. Når de oplever noget, som er vanskeligt for dem at forstå, fordi det er i modstrid med det, de selv tænker og tror, er de ofte hurtige til at brokke og beklage sig.

De vil måske fortryde det, efter de har beklaget sig, men de kan ikke beherske sig, når deres følelser er i oprør. Nogle mennesker er så glade for at snakke, at de ikke kan holde op, når først de er kommet i gang. De skelner ikke mellem sande og usande udsagn, eller mellem hvad der er passende at sige og hvad der ikke er det, så de foretager mange fejl.

Vi kan forstå, at det er vigtigt at have selvbeherskelse bare af ovenstående eksempel med beherskelse af talen.

Selvbeherskelse fuldender Helligåndens frugter

Selvbeherskelsens frugt er en af Helligåndens frugter, men den henviser ikke kun til at beherske os selv, så vi ikke begår synder. Selvbeherskelsen udøver også kontrol med de andre frugter af Helligånden, sådan at de kan blive fuldkomne. Derfor er Åndens første frugt kærlighed og den sidste er selvbeherskelse. Selvbeherskelsen er mindre fremtrædende end de andre frugter, men den er meget vigtig. Den kontrollere alt, sådan at der er stabilitet, organisation og konkretisering. Den nævnes som den sidste af Åndens frugter, fordi alle andre frugter kan fuldendes gennem selvbeherskelse.

Selv om vi for eksempel har glædens frugt, så kan vi ikke bare udtrykke vores glæde til enhver tid. Når andre mennesker sørger ved en begravelse, hvad vil de så ikke sige, hvis vi selv sidder med et stort smil på ansigtet? De vil ikke synes, det er dejligt for os, at vi bærer glædens frugt. Selv om glæden over frelsen er stor, skal vi kontrollere den alt efter situationen. På denne måde kan vi gøre den til en sand frugt af Helligånden.

Det er også vigtigt at have selvkontrol, når vi er trofaste overfor Gud. Hvis man har mange pligter, er det særligt vigtigt at fordele tiden ordentligt, sådan at man kan være der, hvor der er behov for, at man er, på det passende tidspunkt. Selv om et bestemt møde giver stor nåde, så skal man slutte det, når det bør slutte. På samme måde er der behov for selvbeherskelse for at være betroet i hele Guds hus.

Det samme gælder for alle de andre frugter af Helligånden, både kærlighed, venlighed, godhed, osv. Når frugterne, som bæres i hjertet, viser sig som handlinger, skal vi følge Helligåndens vejledning og stemme for at gøre det mest passende. Vi kan prioritere vores arbejde i det, der skal gøres først og det, der kan blive gjort senere. Vi kan afgøre, om vi bør gå videre eller hellere træde et skridt tilbage. Denne form for vurderinger kan vi foretage gennem selvbeherskelsens frugt.

Hvis nogen bærer alle Helligåndens frugter fuldt ud, betyder det, at de følger Helligåndens ønsker på alle områder. For at gøre det og handle i fuldkommenhed, må vi bære selvbeherskelsens frugt. Derfor siger vi, at alle Helligåndens frugter fuldendes gennem selvbeherskelsen, den sidste frugt.

Bevis for at bære selvbeherskelsens frugt

Når Helligåndens andre frugter bæres i hjertet og viser sig udadtil, så bliver selvbeherskelsens frugt som et vurderingscenter, der giver harmoni og orden. Selv når vi tager noget godt i Herren, er det ikke altid det bedste at tage alt, hvad vi kan. Det er værre at sige for meget end at sige for lidt. Åndelig set skal vi også gøre alt med mådehold i overensstemmelse med Helligåndens ønsker.

Lad mig nu forklare detaljeret, hvordan selvbeherskelsens frugt kan vise sig.

For det første vil vi følge ordenen og hierarkiet på alle områder.

Når vi forstår vores stilling i et hierarki, vil vi også forstå, hvornår vi skal handle eller lade være, og hvad vi skal sige eller ikke sige. Så vil der ikke være nogen diskussioner, skænderier eller misforståelser. Vi vil heller ikke gøre noget upassende eller noget, som overskrider vores stillings begrænsninger. Lad os for eksempel forestille os at lederen for en missionsgruppe beder dens administrator om at udføre en bestemt opgave. Administratoren er lidenskabelig, og han synes selv, at han har en bedre ide, så han ændrer nogen ting efter forgodtbefindende og udfører arbejdet i overensstemmelse med det. Selv om han udførte arbejdet med stor lidenskab, fulgte han ikke sine ordre, og ændrede tingene på grund af sin manglende selvbeherskelse.

Gud anser os for at være værdifulde, når vi følger ordrer i overensstemmelse med vores stilling i missionsgruppen, såsom præsident, vicepræsident, administrator, sekretær, eller bogfører. Vores ledere kan have anderledes opfattelser af, hvordan tingene skal gøres, end vi selv har. Men selv om vi synes, at vores egen måde er den bedste, og at den vil give mere frugt, så kan vi ikke opnå gode resultater hvis ordenen og freden bliver brudt. Satan vil altid blande sig, når freden bliver brudt, og så vil Guds gerning blive forhindret. Med mindre noget bestemt er fuldkommen usandt, må vi tænke på hele gruppen og adlyde for at søge freden inden for ordenen, så alt kan løses på smukkeste vis.

For det andet skal vi tage hensyn til indhold, tid og sted, selv om vi gør noget godt.

For eksempel er det godt at råbe ud i bøn, men hvis man gør det hvor som helst uden at skelne, kan det være vanærende for Gud. Når man prædiker budskabet eller besøger medlemmerne for at give dem åndelig vejledning, skal man overveje sine ord, inden man taler. Selv om man forstår noget på et dybt åndeligt niveau, kan man ikke bare sige det til hvem som helst. Hvis man formidler noget, som ikke passer til det mål af tro, tilhøreren har, så kan det bringe vedkommende til fald, eller få han til at dømme og fordømme.

I nogle tilfælde er der mennesker, som bærer vidnesbyrd eller formidler en åndelig indsigt til mennesker, som har travlt med andre ting. Selv om indholdet af det, der bliver sagt, er godt nok, kan det ikke for alvor virke opbyggende, med mindre det formidles i en passende situation. Selv om andre måske lytter for ikke at være uhøflige, så kan de ikke for alvor være opmærksomme på vidnesbyrdet, hvis de har travlt eller er nervøse. Lad mig give et andet eksempel. Når en hel menighed eller en gruppe mennesker kommer for at holde møde med mig og få råd, hvad sker der så med mødet, hvis der er én af deltagerne, som bliver ved med at bære vidnesbyrd? Vedkommende ærer Gud, fordi han er fuld af nåde og Ånd. Men resultatet er, at han alene bruger den tid, der var sat af til hele gruppen. Dette skyldes en manglende selvbeherskelse. Selv om man gør noget godt, skal man altså tage hensyn til omstændighederne og beherske sig.

For det tredje skal vi ikke være utålmodige eller skynde os, men i stedet forholde os roligt, så vi er i stand til at reagere med skelneevne på enhver situation.

De, som ikke kan beherske sig, er utålmodige og udviser manglende hensyn overfor andre mennesker. Da de skynder sig, har de mindre skelneevne, og de kan måske gå glip af nogle vigtige ting. De dømmer og fordømmer hurtigt, og det skaber ubehag hos andre mennesker. De, som er utålmodige, når de lytter til andre eller svarer dem, laver mange fejl. Vi bør ikke være utålmodige og afbryde, når andre taler. Vi skal lytte omhyggeligt, indtil de er færdige, så vi ikke drager forhastede konklusioner. På denne måde kan vi forstå vedkommendes intention og reagere derefter.

Peter havde en utålmodig og udadvendt karakter, før han fik Helligånden. Han forsøgte desperat og kontrollere sig overfor Jesus, men til tider viste hans karakter sig alligevel. Da Jesus sagde til Peter, at han ville fornægte sin læremester inden korsfæstelsen, afslog Peter det straks og sagde, at han aldrig ville fornægte Herren.

Hvis Peter havde båret selvbeherskelsens frugt, ville han ikke bare have erklæret sig uenig med Jesus, men i stedet have forsøgt at finde det rigtige svar. Hvis han havde vidst, at Jesus var Guds søn, og at han aldrig ville sige noget meningsløst, ville han havde holdt Jesu ord i hu. Derved ville han have været mere forsigtig, og så ville det måske slet ikke være sket. Selvbeherskelsen giver os den skelneevne, som sætter os i stand til at reagere på den mest passende måde.

Jøderne var stolte af sig selv. De var stolte over, at de overholdt Guds lov strengt. Og da Jesus irettesatte farisæerne og saddukæerne, som var politiske og religiøse ledere, begyndte de at have negative følelser overfor ham. De anså det for særlig blasfemisk, da Jesus sagde, at han var Guds søn. Tidspunktet for løvhyttefesten nærmede sig. Omkring høsttid satte de løvhytter op for at huske flugten fra Egypten og takke Gud. Folk tog normalt til Jerusalem for at fejre højtiden.

Men Jesus tog ikke op til Jerusalem selv om højtiden nærmede sig, til trods for at hans brødre tilskyndede ham til at tage af sted, vise mirakler og åbenbare sig for at opnå folkets støtte (Johannesevangeliet 7:3-5). De sagde: *"Der er jo ingen, der gør noget i hemmelighed, når han vil frem i offentlighed"* (vers 4). Selv om noget synes at være fornuftigt, så har det ikke noget med Gud at gøre, med mindre det er i overensstemmelse med hans vilje. Men Jesu brødre fulgte deres egne tanker og mente derfor, at han skulle tage af sted i stedet for at vente på den rette tid.

Hvis ikke Jesus havde haft selvbeherskelse, ville han straks være taget til Jerusalem for at åbenbare sig. Men han blev ikke rokket af sine brødres ord. Han ventede på det rette tidspunkt for så at åbenbare Guds forsyn. Og så tog han af sted til Jerusalem i al hemmelighed, efter at hans brødre var taget af sted. Han handlede efter Guds vilje og vidste præcis, hvor han skulle tage hen og hvornår.

Hvis man vil bære selvbeherskelsens frugt

Når vi taler med andre, er der mange gange forskel på deres ord og deres indre holdning. Nogle forsøger at afsløre andre menneskers fejl for at dække over deres egne. De vil måske bede om noget for at tilfredsstille deres grådighed, men de spørger, som om det var på andres vegne. De stiller måske et spørgsmål for at forstå Guds vilje, men rent faktisk forsøger de at få det svar, de ønsker at høre. Men hvis man taler stille og roligt med dem, vil man i sidste ende kunne se deres holdninger.

De mennesker, der behersker sig, vil ikke let lade sig rokke af andres ord. De kan lytte til andre med sindsro, og fornemme sandheden ved Helligåndens gerning. Hvis de vurderer tingene med selvbeherskelse, kan de undgå mange af de fejl, som skyldes forkerte beslutninger. I de udstrækning de har autoritet og vægt bag deres ord, vil disse ord også påvirke andre. Så hvordan kan vi bære selvbeherskelsens vigtige frugt?

For det første må vi have uforanderlige hjerter.

Vi må kultivere sandfærdige hjerter, som ikke for nogen falskhed eller snedighed. Så kan vi få kraft til at beslutte, hvad vi skal gøre. Vi kan naturligvis ikke bare kultivere denne slags hjerte på et øjeblik. Vi må konstant træne os selv og begynde med de små ting.

Der var engang en læremester og hans elever. En dag gik de gennem et marked, og nogle af de handlende på markedspladsen, som havde misforstået nogle ting omkring dem, begyndte at skændes med dem. Disciplene blev vrede og svarede igen på skældsordene, men mesteren var rolig. Da de kom tilbage fra markedet, tog han et bundt breve ud af sit skab. Han viste eleverne disse breve, som kritiserede ham helt ubegrundet.

Så sagde han: "Jeg kan ikke undgå at blive misforstået. Men jeg er ligeglad med folks misforståelser. Jeg kan ikke undgå den første besudling, som kommer til mig, men jeg kan undgå den tåbelighed at tage den anden besudling til mig."

Den første besudling er her at blive mål for andre menneskers sladder. Den anden besudling er at have negative følelser og komme i skænderi og diskussion på grund af denne sladder.

Hvis vi kan have denne mesters indstilling, vil vi ikke lade os rokke under nogen omstændigheder. I stedet vil vi beherske vores hjerter, og vores liv vil være i fred. De, som kan beherske deres hjerte, kan kontrollere sig under alle forhold. I den udstrækning vi skiller os af med alle former for ondskab såsom had, misundelse og jalousi, kan vi opnå Guds tillid og kærlighed.

De ting, mine forældre lærte mig i min barndom, hjælper mig i høj grad under mit præstevirke. Jeg lærte tale pænt, have en ordentlig holdning og opføre mig pænt. Jeg lærte at beherske mit hjerte og kontrollere mig. Når først vi beslutter os for noget, skal vi rette os efter det og ikke ændre mening efter forgodtbefindende. Hvis vi samler til bunke af disse anstrengelser, vil vi i sidste ende have et uforanderligt hjerte og opnå selvbeherskelsens kraft.

Derefter må vi træne os i at lytte til Helligåndens ønsker ved ikke først at tage hensyn til vores egen mening.

I den udstrækning vi lærer Guds ord, lader Helligåndens os høre dens stemme gennem ordet. Selv om vi bliver uretfærdigt beskyldt, vil Helligånden sige, at vi skal tilgive og elske. Så kan vi tænke: "Vedkommende må have en grund til at gøre, som han gør." Jeg vil forsøge at rette hans misforståelse ved at tale med ham på en venlig måde." Men hvis vores hjerte har mere usandhed, vil vi først høre Satans stemme: "Hvis jeg lader ham være i fred, vil han blive ved med at se ned på mig. Jeg må give ham en lærestreg." Selv om vi måske hører Helligåndens stemme, vil vi ikke lytte til den, fordi den er for svag i sammenligning med de overvældende onde tanker.

Derfor kan vi først høre Helligåndens stemme, når vi flittigt skiller os af med usandheden i vores hjerte og fastholder Guds ord i os. Så vil vi i stigende grad være i stand til at høre Helligåndens stemme, i takt med at vi adlyder den, selv om den er svag i starten. Vi må forsøge at høre stemmen i stedet for at tænke på det, vi selv synes er mere nødvendigt eller bedre. Når vi høre Åndens stemme og forstår dens tilskyndelser, skal vi adlyde dem og omsætte dem til praksis. Efterhånden som vi træner os selv i at være opmærksomme og adlyde Helligåndens ønsker til enhver tid, vil vi kunne fornemme selv de meget svage lyde fra Helligånden. Så vil vi kunne opnå harmoni i alle forhold.

Det kan virke om om, selvbeherskelsen er den mindst fremtrædende karakter blandt Helligåndens ni frugter. Men den er nødvendig på alle de øvrige frugters områder. Det er selvbeherskelsen, der kontrollere alle de otte øvrige frugter af Helligåndens: Kærlighed, glæde, fred, tålmodighed, venlighed, godhed, trofasthed og mildhed. Desuden vil de otte andre frugter først være fuldkomne gennem selvbeherskelsens frugt, og derfor er denne sidste frugt meget vigtig.

Helligåndens frugter er hver især mere dyrebare og smukkere end nogen som helst værdifuld ædelsten i denne verden. Vi kan få alt, vi beder om, og vi vil trives på alle områder, hvis vi bærer

Helligåndens frugter. Vi kan også åbenbare Guds ære ved at manifestere Lysets kraft og magt i denne verden. Jeg håber, I vil længes efter at bære Helligåndens frugter mere end nogen skat i denne verden.

Alt Dette Er Loven Ikke Imod

Galaterbrevet 5:22-23

"Men Åndens frugter er

kærlighed, glæde, fred, tålmodighed,

venlighed, godhed, trofasthed, mildhed og selvbeherskelse.

Alt dette er loven ikke imod."

Kapitel 11

Alt dette er loven ikke imod

I blev kaldet til frihed
Gå med Ånden
Den første af de ni frugter er kærlighed
Alt dette er loven ikke imod

Alt dette er loven ikke imod

Apostelen Paulus var jødernes Jøde, og han var på vej til Damaskus for at arrestere de kristne. Men på vejen mødte han Herren og angrede. Han havde ikke indset budskabets sandhed, hvorigennem man bliver frelst ved troen på Jesus Kristus, men da han fik Helligånden, kom han til at lede forkyndelsen for ikke-jøderne ved Åndens vejledning.

Helligåndens ni frugter er optegnet i kapitel 5 i Galaterbrevet, som er et af Paulus' breve. Hvis vi forstår omstændighederne på daværende tidspunkt, kan vi også forstå, hvorfor Paulus skrev til galaterne og hvor vigtigt, det er for kristne at bære Helligåndens frugter.

I blev kaldet til frihed

På sin første missionsrejse tog Paulus til Galatien. Han talte ikke om Moseloven og om omskæring i synagogen, men kun om Jesu Kristi budskab. Hans ord blev bekræftet af de ledsagende tegn, og mange mennesker blev frelst. De troende i menigheden i Galatien elskede ham så højt, at de ville have taget øjnene ud for at give dem til ham, om det havde været muligt.

Efter at Paulus afsluttede sin første missionsrejse og tog tilbage til Antiokia, opstod der et problem i menigheden. Nogle mennesker kom fra Judæa og sagde, at ikke-jøderne skulle omskæres for at blive frelst. Paulus og Barnabas havde store uoverensstemmelser og diskussioner med dem.

Brødrene besluttede, at Paulus, Barnabas og nogle få andre skulle tage til Jerusalem til apostlene og de ældre for at fremlægge problemet. De havde behov for at få en konklusion vedrørende

Moseloven, mens de prædikede budskabet for ikke-jøderne i menighederne i Antiokia og Galatien.

Apostlenes Gerninger kapitel 15 beskriver situationen før og efter Rådet i Jerusalem, og af denne beskrivelse kan vi fornemme, hvor alvorlig situationen var på daværende tidspunkt. Apostlene, som var Jesu disciple, de ældre og repræsentanter fra menigheden forsamledes og havde ophedede diskussioner, og de konkluderede, at ikke-jøderne måtte afstå fra ting, som var besudlet af afguder og hor, fra dyr, der var blevet kvalt og fra blod.

De sendte mænd til Antiokia for at aflevere det officielle brev, som beskrev Rådets konklusioner, idet Antiokia var et centralt sted for forkyndelsen blandt ikke-jøderne. De gav ikke-jøderne en vis frihed i forhold til at overholde Moseloven, fordi det ville være meget vanskeligt for dem at holde hele Loven ligesom jøderne. På denne måde kunne ikke-jøderne opnå frelse ved at tro på Jesus Kristus.

I Apostlenes Gerninger 15:28-29 står der: *"For Helligånden og vi har besluttet ikke at lægge nogen anden byrde på jer end dette nødvendige, at I skal holde jer fra kød, der ofres til afguder, og fra blod og fra kød af kvalte dyr og fra utugt. Ved at holde jer fri af det handler I ret. Lev vel!"*

Konklusionen fra Rådet i Jerusalem blev overleveret til menighederne, men de, som ikke forstod budskabets sandhed og korsets vej blev ved med at undervise i menighederne at de troende skulle overholde Moseloven. Nogle falske profeter kom også ind i menighederne og opildnede de troende til at kritisere apostelen Paulus, som ikke underviste i Loven.

Da dette fandt sted i menigheden i Galatien, forklarede

apostelen Paulus den sande kristne frihed i sit brev. Han fortalte, at han tidligere havde overholdt Moseloven meget strengt, men var blevet apostel for ikke-jøderne efter at have mødt Herren. Og han lærte dem sandheden om budskabet med ordene: *"Dette ene vil jeg have af vide af jer: Fik I Ånden ved at gøre lovgerninger eller ved at høre i tro? Er I så uforstandige? I begyndte dog i Ånden, vil I nu ende i kødelighed? Er alt det sket med jer til ingen nytte – hvis det da virkelig var til ingen nytte? Han, der giver jer Ånden og gør undergerninger iblandt jer – gør han det, fordi I gjorde lovgerninger, eller fordi I hørte i tro?"* (Galaterbrevet 3:2-5).

Han understregede at det budskab om Jesus Kristi, som han havde undervist dem i, var sandt, fordi det var blevet åbenbaret af Gud, og grunden til at ikke-jøderne ikke behøvede omskære deres kroppe, var fordi det vigtigste er at omskære hjertet. Han lærte dem også om kødets lyster og Helligåndens ønsker, og om kødets gerninger og Helligåndens frugter. Det gjorde han for at lade dem forstå, hvordan de skulle bruge deres frihed, som de havde opnået gennem budskabets sandhed.

Gå med Ånden

Så hvorfor gav Gud da mennesket Moseloven? Det skyldtes, at folk var onde og ikke anså synder for synder. Gud lod dem derfor forstå, hvad synd er, og lod dem løse syndens problem og opnå Guds retfærdighed. Men syndens problem kunne ikke løses fuldkommen med lovgerninger, og derfor lod Gud folket opnå retfærdighed gennem troen på Jesus Kristus. I Galaterbrevet 3:13-14 står der: *"Kristus løskøbte os fra lovens forbandelse ved selv af blive en forbandelse for vor skyld – der står jo skrevet: "Forbandet er enhver, der hænger på et træ" – for at velsignelsen til Abraham kunne nå ud til hedningene i Jesus Kristus, og vi ved troen kunne få Ånden, der var lovet os."*

Men det betyder ikke, at Loven var nedbrudt. Jesus siger i Matthæusevangeliet 5:17: *"Tro ikke, jeg er kommet for at nedbryde loven og profeterne. Jeg er ikke kommet for at nedbryde, men for af opfylde."* Og i det følgende vers 20 står der: *"For jeg siger jer: Hvis jeres retfærdighed ikke langt overgår de skriftkloges og farisæernes, kommer I slet ikke ind i Himmeriget."*

Apostelen Paulus sagde til de troende i menigheden i Galatien: *"Mine børn, som jeg igen må føde i smerte, indtil Kristus har fået skikkelse i jer"* (Galaterbrevet 4:19). Han rådede dem sammenfattende med ordene: *"Brødre, I blev kaldt til frihed. Brug blot ikke friheden som et påskud for kødet, men tjen hinanden i kærlighed. For hele loven er opfyldt i det ene ord: "Du skal elske din næste som dig selv." Men hvis I bider og slider i hinanden, så pas på, at I ikke æder hinanden helt!"* (Galaterbrevet 5:13-15).

Hvad skal vi gøre som Guds børn, som har fået Helligånden, for at tjene hinanden gennem kærligheden, indtil Kristus har fået skikkelse i os? Vi skal gå med Helligånden, sådan at vi ikke vil udføre kødets lyst i handling. Vi kan elske vores naboer og have Kristi skikkelse i os, indtil vi bærer Helligåndens ni frugter gennem dens vejledning.

Jesus Kristus påtog sig Lovens forbandelse og døde på korset, selv om han var uskyldig, og gennem ham opnåede vi frihed. Hvis vi ikke skal blive slaver af synden igen, skal vi bære Åndens frugt. Hvis vi stadig begår synder med denne frihed og korsfæster Herren igen ved at udføre kødets gerning, vil vi ikke arve Guds rige. Hvis vi omvendt bærer Åndens frugt ved at gå med den, vil Guds beskytte os, sådan at den fjendtlige djævel og Satan ikke vil beskytte os. Desuden vil vi få hvad som helst, vi beder om.

"Mine kære, hvis vort hjerte ikke fordømmer os, har vi frimodighed over for Gud, og hvad vi end beder om, får vi af ham, fordi vi holder hans bud og gør det, som behager ham. Og dette er hans bud, at vi skal tro på hans søn, Jesu Kristi, navn og elske hinanden, som han har påbudt os" (Første Johannesbrev 3:21-23).

"Vi ved, at enhver, som er født af Gud, ikke synder, men han, som selv blev født af Gud, bevarer ham, og den Onde kan ikke røre ham" (Første Johannesbrev 5:18).

Vi kan bære Helligåndens frugt og nyde den sande frihed som kristne, når vi har tro til at gå med Ånden og denne tro arbejder gennem kærlighed.

Den første af de ni frugter er kærlighed

Den første af Helligåndens ni frugter er kærlighed. Den kærlighed, som nævnt i Første Korintherbrev 13, er kærlighed til at kultivere den åndelige kærlighed, mens kærlighed som en af

Helligåndens frugter ligger på et højere niveau: Den er grænseløs og uendelig, og opfylder dermed Loven. Dette er Guds og Jesu Kristi kærlighed. Hvis vi har denne kærlighed, kan vi ofre os selv fuldkommen med Helligåndens hjælp.

Vi kan bære glædens frugt i den udstrækning, vi kultiverer denne kærlighed, sådan at vi kan glæde og fryde os under alle omstændigheder. På denne måde vil vi ikke have nogen problemer med nogen, og vi vil bære fredens frugt.

Når vi opretholder freden med Gud, med os selv og med alle andre, vil vi helt naturligt bære tålmodighedens frugt. Den form for tålmodighed, Gud ønsker, er at vi slet ikke behøver bære over med noget, fordi vi har fuldkommen godhed og sandhed i os. Hvis vi har sand kærlighed, kan vi forstå og acceptere ethvert menneske uden at have negative følelser. Derfor vil der ikke være behov for hverken at tilgive eller bære over.

Når vi er tålmodige med andre i godhed, vil vi bære venlighedens frugt. Hvis vi er tålmodige i godhed, selv med de mennesker, som vi ikke for alvor kan forstå, så kan vi vise dem venlighed. Selv om de gør ting, som falder fuldkommen udenfor normerne, vil vi forstå deres synspunkt og acceptere dem.

De, som bære venlighedens frugt, vil også have godhed. De vil anse andre for bedre end sig selv og varetage andres interesser frem for deres egne. De skændes ikke med nogen, og de vil ikke hæve stemmen. De vil have Herrens hjerte, og vil ikke sønderbryde det knækkede strå eller slukke en osende væge. Hvis man bærer denne godheds frugt i sig, vil man ikke insisterer på sine egne meninger. Man vil i stedet være betroet i hele Guds hus og udvise mildhed.

De mennesker, som er milde, vil ikke bringe andre mennesker

til fald, og de kan være i fred med alle. De har et gavmildt hjerte, sådan at de ikke dømmer eller fordømmer, men kun forstår og accepterer andre.

For at bære kærlighedens, glædens, fredens, tålmodighedens, venlighedens, godhedens, trofasthedens og mildhedens frugter i harmoni, må man have selvbeherskelse. Guds overflod er god, men Guds gerninger må gennemføres i en bestemt orden. Vi har brug for selvkontrol for ikke at overdrive noget, selv om det er godt. Når vi på denne måde følger Helligåndens vilje, vil Gud sørge for at alt får det bedste udfald.

Alt dette er loven ikke imod

Helligånden, vores hjælper, fører Guds børn til sandheden, sådan at de kan opnå den sande frihed og lykke. Sand frihed er frelsen fra Satans synder og kraft, som forsøger at stoppe os i at tjene Gud og have et lykkeligt liv. Det er også den lykke man opnår ved at have fællesskab med Gud.

Som der står i Romerbrevet 8:2: *"For livets ånds lov har i Kristus Jesus befriet mig fra syndens og dødens lov."* Denne frihed kan først opnås, når vi tror på Jesus Kristus af hjertets grund og går i Lyset. Friheden kan ikke opnås ved menneskelig styrke. Den kan ikke opnås uden Guds nåde, og det er en velsignelse, at vi kan nyde den konstant, så længe vi fastholder vores tro.

Jesus siger også i Johannesevangeliet 8:32: *"... og I skal lære sandheden at kende, og sandheden skal gøre jer frie."* Frihed er sandheden, og den er uforanderlig. Den bliver livet for os og fører os til det evige liv. Der er ikke nogen sandhed i denne forgængelige og foranderlige verden; kun det uforanderlige Guds ord er sandheden. At kende sandheden er at lære Guds ord, holde det i hu og omsætte det til praksis.

Men det er ikke altid let at praktisere sandheden. Folk er fulde af de usandheder, de lærte, før de kom til at kende Gud, og disse usandheden forhindrer dem i at praktisere sandheden. Kødets lov, som ønsker at søge usandheden, og Åndens lov, som ønsker at søge sandheden, er i strid med hinanden (Galaterbrevet 5:17). Denne krig sigter mod at opnå sandhedens frihed. Og den vil fortsætte, indtil vores tro er fast og vi står på troens klippe uden at lade os rokke.

Når vi står på troens klippe, er det langt lettere at kæmpe den gode kamp. Vi skiller os af med al ondskab og bliver hellige, og så vil vi endelig kunne nyde sandhedens frihed. Vil vil ikke længere skulle kæmpe den gode kamp, men kun praktisere sandheden til enhver tid. Hvis vi bærer Helligåndens frugter ved dens vejledning, er der ingen, der kan forhindre os i at have sandhedens frihed.

Derfor står der i Galaterbrevet 5:18: *"Men drives I af Ånden, er I ikke under loven."* Og i de følgende vers 22-23: *"Men Åndens frugt er kærlighed, glæde, fred, tålmodighed, venlighed, godhed, trofasthed, mildhed og selvbeherskelse. Alt dette er loven ikke imod."*

Budskabet om Helligåndens ni frugter er som en nøgle, der åbner døren til velsignelser. Men bare for vi har nøglen til døren, betyder det ikke, at den vil åbne sig af sig selv. Vi skal sætte nøglen i låsen og åbne den, og det samme gæler Guds ord. Uanset hvor meget vi hører, er det endnu ikke en del af os. Vi kan først få de velsignelser, der ledsager Guds ord, når vi omsætter ordet til praksis.

I Matthæusevangeliet 7:21 står der: *"Ikke enhver, som siger: Herre, Herre! til mig, skal komme ind i Himmeriget, men kun den, der gør min himmelske faders vilje."* I Jakobsbrevet 1:25 står der: *"Men den, der fordyber sig i frihedens fuldkomne lov og bliver ved den og ikke er en glemsom hører, men en gerningens gører, han skal være salig ved det, han gør."*

Hvis vi vil opnå Guds kærlighed og velsignelser, er det vigtigt at forstå, hvad Helligåndens frugter er, holde os dem i hu og rent faktisk bære dem ved at praktisere Guds ord. Hvis vi bærer Helligåndens frugter fuldt ud ved at praktisere sandheden til fuldkommenhed, vil vi opnå sand frihed i sandheden. Vi vil høre Helligåndens stemme klart og lade os lede i alle vores veje, sådan at vi trives på alle områder. Jeg beder i Herrens navn for, at I vil opnå stor ære både på denne jord og i Ny Jerusalem, som er troens endelige mål.

Forfatteren:
Dr. Jaerock Lee

Dr. Jaerock Lee blev født i Muan, Jeonnam provinsen, i den koreanske republik i 1943. Da han var i tyverne, led han af en række uhelbredelige sygdomme syv år i træk, og ventede på døden uden håb om bedring. Men en dag i foråret 1974 tog hans søster ham med i kirke, og da han knælede for at bede, helbredte den Levende Gud straks alle hans sygdomme.

Fra det øjeblik hvor Dr. Lee mødte den Levende Gud gennem denne vidunderlige oplevelse, elskede han Gud oprigtigt af hele sit hjerte, og i 1978 blev han kaldet som Guds tjener. Han bad indtrængende om klart at forstå og opfylde Guds vilje, og adlød alle Guds bud. I 1982 grundlagde han Manmin Centralkirke i Seoul, Korea, og siden da har utallige af Guds gerninger fundet sted i denne kirke, inklusiv mirakuløse helbredelser og undere.

I 1986 blev Dr. Lee ordineret som pastor ved den årlige forsamling for Jesu Sungkyul kirke i Korea, og fire år senere i 1990 begyndte hans prædikener at blive udsendt til Australien, Rusland, Filippinerne og mange andre steder gennem det Fjernøstlige Udsendelsesselskab, Asiatisk Udsendelsesstation og Washington Kristne Radio.

Tre år senere i 1993 blev Manmin Centralkirke placeret på Top 50 for kirker over hele verden af magasinet Christian World i USA, og Dr. Lee modtog et æresdoktorat i guddommelighed fra Fakulteter for Kristen Tro i Florida, USA, og i 1996 en Ph.D i præsteembede fra Kingsway Teologiske Seminar, Iowa, USA.

Siden 1993 har Dr. Lee været en førende person i verdensmissionen gennem mange oversøiske kampagner i Tanzania, Argentina, Los Angeles, Baltimore City, Hawaii, New York City, Uganda, Japan, Pakistan, Kenya, Filippinerne, Honduras, Indien, Rusland, Tyskland, Peru, Congo, Israel og Estland.

I 2002 blev han anerkend som en "verdensomspændende pastor" af en større kristen avis i Korea på grund af hans kraftfulde virke under mange oversøiske kampagner. Hans kampagne i New York 2006, som blev afholdt i Madison Square Garden, verdens mest berømte arena, skal særligt fremhæves. Dette arrangement blev udsendt til 220 forskellige lande. Desuden afholdt han en Fælles Kampagne i Israel i 2009 på det Internationale Kongrescenter (ICC) i Jerusalem, hvor han frimodigt forkyndte at Jesus Kristus er Messias og Frelser.

Hans prædikener bliver udsendt til 176 lande via satellitter, deriblandt GCN TV, og han er komme med på listen over de "10 mest indflydelsesrige kristne ledere" i 2009 og 2010 af det populære kristne russiske blad I sejr og nyhedsbureauet Christian Telegraph for hans kraftfulde virke over TV og som pastor for kirken i udlandet.

På nuværende tidspunkt (april 2018) er Manmin Centralkirke en menighed med mere end 130.000 medlemmer. Der er 11.000 søsterkirker over hele kloden, inklusiv 56 i Korea og mere end 102 missionærer udsendt til 26 lande, inklusiv USA, Rusland, Tyskland, Canada, Japan, Kina, Frankrig, Indien, Kenya og mange flere.

Indtil nu har Dr. Lee skrevet 111 bøger, blandt andet bestsellerne *En Smagsprøve på Det Evige Liv før Døden; Mit Liv, Min Tro I & II; Budskabet fra Korset; Målet af Tro; Himlen I & II; Helvede* og *Guds Kraft* og hans værker er blevet oversat til mere end 76 sprog.

Hans kristne artikler er udsendt i *Hankook Ilbo, JoongAng Daily, Dong-A Ilbo, Chosun Ilbo, Seoul Shinmun, Kyunghyang Shinmun, The Korea Economic Daily, Shisa News* og *The Christian Press.*

Dr. Lee er for øjeblikket leder af mange missionsorganisationer og foreninger, blandt andet bestyrelsesformand for Korea Forenede Hellighedskirke, Grundlægger og bestyrelsesformand for det Globale Kristne Netværk (GCN), Grundlægger og Bestyrelsesformand for Verdensnetværket af Kristne Læger (WCDN) og Grundlægger og Bestyrelsesformand for Manmin Internationale Seminar (MIS).

Andre stærke bøger af samme forfatter

Himlen I & II

En detaljeret skitse af det prægtige liv som de himmelske borgere vil nyde, og en beskrivelse af forskellige niveauer af himmelske riger.

Budskabet fra Korset

En stærk vækkelsesbesked til alle menneske, som sover i spirituel forstand. I denne bog vil du se årsagen til, at Jesus er den eneste Frelser, og fornemme Guds sande kærlighed.

Helvede

En indtrængende besked til hele menneskeheden fra Gud, som ikke ønsker at en eneste sjæl skal falde i helvedes dyb! Du vil opdage en redegørelse, som aldrig før er blevet offentliggjort, over de barske realiteter i Hades og helvede.

Ånd, Sjæl og Krop I & II

Gennem en åndelig forståelse af ånd, sjæl og krop, som er menneskets komponenter, kan læserne få indblik i deres "selv" og opnå indsigt i selve livet. Denne bog viser læserne genvejen til at deltage i den guddommelige natur og få alle de velsignelser, som Gud har lovet.

Målet af Tro

Hvilken slags himmelsk bolig og hvilken slags krans og belønninger er blevet gjort klar i himlen? Denne bog giver visdom og vejledning til at måle sin tro, og kultivere den bedste og mest modne tro.

Vågn op, Israel

Hvorfor har Gud holdt øje med Israel fra verdens begyndelse indtil nu? Hvad er hans forsyn for de sidste dage for Israel, som venter på Messias?

Mit Liv, Min Tro I & II

En velduftende spirituel aroma, som er et ekstrakt af den uforlignelige kærlighed til Gud, som blomstrede op midt i mørke bølger, under det tungeste åg og i den dybeste fortvivlelse.

Guds Kraft

En essentiel vejledning, hvorved man kan opnå sand tro og opleve Guds forunderlige kraft. En bog, som må læses.

www.urimbooks.com

www.ingramcontent.com/pod-product-compliance
Lightning Source LLC
LaVergne TN
LVHW041806060526
838201LV00046B/1154